CORE READING
コアリーディング

たった1冊読んで人生を変える読書術

パク・サンベ＝著　村山哲也＝訳

ダイヤモンド社

「せっかく
本を読んだのに、
何も残らない」
というあなたへ

本には、さまざまな成功者や専門家が書いた
知識、ノウハウが詰まっている。
それらは、あなたの抱える課題や悩みを解決するきっかけとなる。
たった1冊の本が、人生を変えることもある——。

それなのに、
本を読んでも、
結局いつも何も得られない、
変わらない。

そう悩む人も少なくないはずだ。

いわば、「**無意味な読書**」に時間だけを費やしている状況だ。
多くの人は、読書をする時間を十分に持てない。
それなのに、読書で何も得られないのは、とても残念なことだ。

では、1冊の本で
「人生を変える人」と
「何も得られない人」。
この違いは、
どこで生まれるのだろう?

それは、「読み方」の違いにある。
読書で何も得られない人は、

本を100パーセント活用する「読み方」を知らないだけだ。

貴重な時間を無駄にせず、
読書を、100パーセント、いや120パーセント活用するには
どうすればいいか？

その「読み方」こそ、本書で紹介するコアリーディングだ。

コアリーディングは、

「効率」と「効果」を最大化する読書法である。

無駄な読書時間は極力排除する。
本を1から10まですべて読む必要はない。
あくまでコアリーディングのゴールは、読み切ることではない。
あなたが抱える課題解決が最大の目的だ。

コアリーディングが身に付けば、
あなたは人生で抱えるさまざまな悩みを、
素早く解決していくことができる。
常に自身をアップデートし、
どんな悩みも解決していけるようになる。

さまざまな場面で、
物事の「核心」をつかみ、
成功、変化、安定を
手にすることができる。

さあ、
コアリーディングを身に付け、
読書をより有意義なものに
アップデートしよう。

そして、人生を変えよう。

コアリーディング

たった1冊読んで人生を変える読書術

訳者はじめに「コアリーディングとは何か？」

本書は、韓国で有名な読書コンサルタントである著者が、効率と効果を最大限に高める読書術「**コアリーディング**」を教える一冊である。

コアリーディングを最もシンプルに説明すれば、「**一冊の本を、最も効率的に人生に直結する方法**」だ。

一冊の本から「自分だけの核心」を素早く読み取り、それを行動に移し、人生を変える。効率的かつ実践的な読書術である。

「本を読んでも結局何も変わらない」

自身が抱える課題を解決したい、人生を変えたい――。そう思って読書をするが、結局読むだけで終わってしまう。

そんな時間だけを無駄にする読書を「やめたい」と思う人は多いはずだ。

また、そもそも「読む時間がない」という人もいるだろう。

忙しい現代人が、時間だけを奪われる「無意味な読書」から抜け出し、一冊の本を120パーセント活用できるようになる。そんな夢のような読書体験を提供してくれるのがコアリーディングなのである。

さらにコアリーディングは、読書術を超え、人生で起こりうる問題解決全般に役立つ「思考法」でもある。

コアリーディングが身に付けば、読書に限らずあらゆる物事から核心を読み解き、それを自身の課題解決に活用することができるようになるだろう。

なお、まずは「読書体験を変えたい」「具体的な読書法を知りたい」という方は第2章、第3章から読み始めることをおすすめする。

訳者　村山哲也

プロローグ

「読書」と「人生」をダイレクトにつなぐ読書術

読書を習慣にできない人たちに役立つ方法はないだろうか？

忙しい会社員が、時間をかけずに本の核心部分をつかむ手助けはできないだろうか？

読書を人生につなげるいい方法はないだろうか？

そんなテーマについて考えているうちに、私は「**コアリーディング**」にたどり着いた。

２００７年、自己破産を経験した私に、人生の転機をもたらしたのは読書だった。本が生きる道を見つけてくれた。

もし、読書がなかったら、今の自分とはまったく違う人生を過ごしていたに違いない。

当時、私は自身にこう問いかけていた。

「こんなに苦しい状況で、読書が一体何の役に立つのか？」

その答えは今になって考えてみると、よくわかる。

本こそが、辛い人生を生き抜くエネルギー源だった。本は私にとって闇の中できらめく小さな蛍の光だったのだ。

読書には、単に文字を追い、文章を読む以上の意味がある。

本に込められた多様なメッセージや哲学に出会うだけではなく、**人生を変えるほどのまったく新しい世界が開かれる**こともあるのだ。

当時、胸の中に抱えた不安と向き合うことができたのは、間違いなく読書のおかげだった。

そして今、予期せぬ経済危機や景気低迷を迎え、多くの人が以前の私のように崖っぷちに立たされていると思うと胸が痛む。

コロナ禍とウクライナ＝ロシア戦争に触発された低金利やインフレは、今や途方もない後遺症を引き起こしている。

たとえば韓国では、高騰したマンション価格が急落した。さまざまなメディアが吐き出す無分別な情報とニュースもその一因だろう。

こうした状況で、あちこちから耳に入る専門家たちの話の言いなりになっていないだろうか？

自分の知識や明確な基準で判断せず、まわりに流されて誤った選択をした結果、苦しむ人は多い。

さまざまなメディアが生まれ、どこの誰ともわからない人たちが拡声器のように発言する時代だ。大衆心理、言い換えれば群集心理に陥りやすい環境とも言えるだろう。

こんな時だからこそ、真実と嘘、善と悪、価値のある・なしを判別できる「自分なりの軸と眼識」を持たなければならない。

世の中を読む基準がなければ、世の中の荒波と偽りの流れに振り回されてしまう。

危機の中でもチャンスを見つける人がいるが、そういう人は稀《まれ》だ。多くの人は間違った道を進んでしまう。

彼らにはどんな問題があるのだろうか？

それは**本質を読む力、問題の核心を読む力の欠如**だ。

多様な情報から本当に必要なものを探し出す能力、混乱の中でも上っ面ではなく重要な部分を見抜く能力のことだ。

それこそが、本書で伝える「**コアリーディング**」だ。コアリーディングは、読書術でありながら、人生を変える思考法でもある。

常に忙しさに追われる会社員、読むことより映像に慣れてしまった若者たち、将来に不安を抱える団塊世代など、誰にとっても、今、コアリーディングが切実に必要だ。

わずかな時間で核心を読み取り問題を解決するコアリーディングこそ、襲い来る荒波を乗り越え、生き抜き、輝かしい成功をつかむために必須のスキルだ。

コアリーディングを身に付ければ、道に迷っても進むべき目的地がはっきりとわかる。正しい道を探す力があれば、倒れず前を向いて歩むことができる。

この本を通じてコアリーディングを学べば、仕事、お金、健康で望むことを達成でき、未来を読む能力まで身に付くだろう。

目次

第1章 「核心」こそが人生を変える

第2章　たった1冊で人生を変える読書術「コアリーディング」

第3章　すべての学びをストックする「知識カード」活用法

第4章　コアリーディングで「金持ちの脳」を盗め

第5章 「3つのほら穴」をつくり、10年先の安定を手に入れる

第1章

「核心」こそが人生を変える

今こそ、「核心を読む力」が必要だ

「『現在』はあっという間に過ぎ去る。だから、『過去』や『未来』と結びつけなければ何も考えられない」

イギリスの詩人サミュエル・ジョンソンの言葉だ。

一瞬一瞬が集まって時間となり、その時間がつながってまさしく私たちの人生になる。

つまり「現在」は、常に「過去」から始まり、「未来」もまた過去と現在がつながってできてゆく。まるで点と点がつながって線になるように。

点と点をつなげば線になることは誰もが理解できるだろう。

しかし、**どんな点をどのようにつなげば有意義な線になるのか**を知る人は少ない。

そのつなぎ方を知ることが重要なのだ。

つまり、**核心を把握し、脈絡をつなげて理解する。**

それは、本であれ、映像であれ、人生であれ、何であれ大切だ。

時間を無駄にしない「良い読書」とは？

1年は365日あり、その一日一日が私たちの人生を作り上げる。一瞬一瞬をどれだけ意味あるものにするかによって人生はまったく違ってくるだろう。

「意味のある点＝瞬間」をつないで驚くほど満ち足りた人生を築く人もいれば、点のつなぎ方を誤り、平凡な人生を過ごす人もいる。

重要かつ意味のある点をうまくつなげ、人生をさらに充実させるために必要なのが読書だ。

ただし、むやみやたらと読む読書ではなく、**核心を素早く見つけ出し、自分の人**

生に応用する読書のことである。

どんなにたくさん読んでも、核心を把握できなければ、そこで費やした時間は何の役にも立たなかったことになる。しかし、良い読書は違う。私たちが目指す目的地に早く正確にたどり着けるように導いてくれる。

実存主義文学の先駆者フランツ・カフカはこんな言葉を残している。

「書物は我々の内なる凍った海を砕《くだ》く斧だ」

読書が持つ本当の意味がここにある。今まで通りの考え方から抜け出せず、いつもと同じように行動する私たちの内面を砕いてくれるのだ。

それは静かな水面に石を投げ、新たな波紋を起こすのと同じだ。

一冊の本は人生を変える、一行の文が人生の新しい価値に気づかせる。

そう言える理由がここにある。

なぜ、本を読まなければならないのか?

読書の重要性を誰もが認めながら、ほとんどの人は読書から遠ざかっている。日々の仕事に追われ、本から遠ざかってしまう状況に加え、YouTube、SNS、ゲームなど私たちの関心と時間を奪っていくものがあまりにも多い。

今や人々は、本の代わりにスマートフォンを手にし、SNSで知識と情報を得て、活字の代わりに画像や動画に溺《おぼ》れている。

見たままを受け入れる動画は努力のいらない受動的なコンテンツだ。頭を使わないこれらに夢中になっていると、文脈や状況を把握する能力や文章読解力、思考力や質問力などあらゆる能力が次第に衰えていく。

一方で、本を読むためには、基本的な語彙力と読解力はもちろん、行間まで読み取り、核心をつかむために脳をフル活用しなければならない。

2018年に開かれた本に関するフォーラムにて、進化学者チャン・デイク教授は、こう語った。

「私たちはなぜ大変な思いをして読書をしなければならないのか。より立派な個人になるためだ。運動が体を鍛えるように、読書は脳を鍛える。認知能力だけでなく共感力、社会性を高めてくれる。個人のより良い生活、人類の生存と文明の進化のためにも読書は必要だ」

本を通じて、私たちは仕事や学業、生活に必要な情報を収集する。それだけではなく、私たちを「考えること」に導いてくれる。

読書はきわめて能動的で知的な活動であり、思考力を高めてくれるのだ。

私たちが自信を持って何かを決断するには、豊富な知識と正しい判断力が必要だが、この2つも読書を通じて得られるものだ。

また、「メタ認知」を培うためにも、読書によって思考力を高め、自分なりの知識体系を蓄《たくわ》えていくことが重要だ。

メタ認知とは、自分の考えを客観的に認知する能力であり、自分が何を知り、何を知らないかを知ることだ。自分が何を知らないのかがわかってこそ学ぶことができるし、足りないことも補える。

さらに、本をきちんと読めるというのは、テーマと核心を正確につかめるということでもある。

これは読書はもちろん、仕事、人間関係、投資、将来への準備などあらゆる面に関係がある。

きちんと読む能力を身に付ければ、さまざまなシチュエーションにおいて、玉石混交の中から物事を見極め、核心をつかむことができる。

同じものを見ても何も得られない人もいれば、人生を変える視点を得る人もいる。

これはすべて「正しい読み方」が身に付いているかどうかの違いなのである。

ベンツもタワマンも「コアリーディング」で手に入る

私は、書店に行くのが好きだ。書店ならではの光景と本の香りに引かれるからだ。

２０１４年のある日、書店を訪れ、平積みになっていた一冊の本がたまたま目に入った。

そのタイトルは『自己啓発書を読んでベンツを買った話』だ。

だまされたつもりで自己啓発書通りに生きてみたら、それ以来、私の人生にベンツとタワーマンションが加わった。

本の裏表紙に書かれていたこの文句に目を奪われた。

これは、大げさな釣り文句だろうか？

疑問に思い、本を開いて著者の略歴を調べた。

著者のチェ・ソンラクは、ソウル大学を卒業し、行政学博士、経営学博士号を取得した後、執筆当時、東洋未来大学の教授を務めていた。

名門大学出身の大学教授だが、周囲の人たちに比べてそれほど経済的に豊かではなかったという。

プロローグにはこんな一節もあった。

勉強ができることと経済的に豊かに暮らすことにはあまり関係性はない。良い大学に通うこと、良い職場に入社することもやはりあまり関係がない。

もちろん食べてはいける。中間層として生きていくことはできる。

でも、ベンツに乗れるわけではない。

チェ教授の独白が私の胸に一石を投じた。彼がこの本の中でどんな話をするのか

が気になった。

チェ教授によると、自己啓発書の多くが同じようなことを語り、以前の自分はただその本を読むだけだったと言う。

ところが、ふと「自己啓発書の言う通りに一度やってみよう」と思いつき、本に出てきた方法をかたっぱしから実践し始めたというのだ。

彼は自分だけのウィッシュリストを作り、最終的にそれをすべて成し遂げた。

ただ読むのではなく、「自分だけの核心」を探しながら読む

なぜ彼は、ソウル大学の修士号・博士号を取ってもかなわなかった夢を、自己啓発書を読むことで実現できたのか？

それは、**コアリーディング**を実践したからだ。

チェ教授は、「なぜ自分は高学歴なのに、周囲の人たちより必ずしも経済的に豊かに暮らしていないのか？」という問いを認識した後、自己啓発書を徹底的に読みま

くった。

そして、自分の問いを解決するために役立つ最も核心的なことを本から探し出し、人生に適用することで変化を引き起こした。

これこそ、まさにコアリーディングである。

本はただ読むのではなく、自らの問題を解決する「核心」を探しながら読むことが重要だ。

そうすれば人生に変化を起こせる。

これは、もちろん私たちも実践可能だ。彼と同じようにやれば、将来の競争力を確保するだけでなく人生を右肩上がりに進める。

自分が抱える問題を解決する「核心」を本から見つけ出し、速やかに実行することで、問題を一つずつ解決していこう。

効率的にインプットし、効果的なアウトプットにつなげていく。

それだけで、誰でも人生をより良いものにできる。

「核心を知る人」の未来は輝く

「核心」を読む能力は、仕事、お金、健康、人間関係など、さまざまな人生の問題を解決する鍵となる。

では、「核心」とは何だろう?

漢字の意味通りに解釈すると、物事の最も中心になる部分という意味だ。「骨組み」「要《かなめ》」「最も重要な部分」など、さまざまな表現に言い換えられる。

「見た目よりも中身」「山高きがゆえに尊《とうと》からず」なども、すべて核心の重要性を指す表現だ。私たちはあらゆることで、知らず知らずのうちに核心を重視している。

では、なぜこれほど核心を重視するのか？

それは核心こそ本質だからだ。人間関係であれ仕事であれ、世渡りのすべてであれ、表面的な状況を見ているだけでは正しい理解はできない。

反対に、何事も本質がつかめれば理解しやすく、何をなすべきか簡単に決められ、問題が起きても解決策を探しやすい。

ソン・フンミンが大活躍した核心とは？

予告なしに訪れ、日常を破壊した新型コロナウイルスは憂鬱感で社会を支配した。

そのような状況でも、国民を笑顔にしてくれる人がいた。

サッカー選手のソン・フンミンだ。

サッカー好きではない私でも、ソン・フンミンがゴールデンブーツ（英国プレミアリーグの得点王）に確定した瞬間の感動は忘れられない。

2022年5月23日、欧州チャンピオンズリーグ進出を争う最終戦。前半戦にソン・フンミンが蹴ったボールは、ことごとくゴールポストを外していった。試合を見守る観客、そしてテレビの視聴者はやきもきした時間を過ごしていた。

しかし、後半戦に入った午前1時27分、深夜の静けさを揺るがし、人々の歓声がわき起こった。待ちに待った22号、23号ゴールが相次いで出たのだ。

チームを5対0に導いたソン・フンミンの活躍を見て、全国民が喜びに酔いしれた。

ニュースによると、ある人は「最近憂鬱なことが多かったが、自分にとって最高の誕生日プレゼントになった」と言い、別の誰かは「ソン・フンミンの勝利が自分の勝利のように感じた」と語った。

彼は、憂鬱と絶望で打ちひしがれる私たちの日常に、活力の種を植えてくれた。逆境を乗り越え、周囲に認められる姿を見て、私たちも当面の困難を乗り越える勇気をもらえた。


もちろん、熱心なサッカー選手はソン・フンミンだけではない。多くの選手たちが努力しているが、誰もが栄光の座に就けるわけではない。

では、ソン・フンミンが5大リーグの中で最も人気のあるプレミアリーグで得点王に輝いた理由、その核心は何なのだろうか？

それは、ソン・フンミンの父親ソン・ウンジョンに見いだすことができる。

彼は多くのメディアを通じてよく次のような話をしてきた。

「サッカーよりも幸せが第一だ。サッカーをしても息子が幸せでなければ何の意味もない。息子が試合に出るときに、私はこう言う。『心を空っぽにして欲を捨て、勝ち負けなんか気にせず、幸せな試合をして来い』と」

サッカー選手なら、当然、誰もが勝ち負けを最優先に考える。

しかしソン・ウンジョンは、勝ち負け以前のもっと根本的なことに目標を置いた。

それは、「サッカーをするときこそ、幸せでなければならない」ということだ。1位になること、世界トップレベルの選手になること、みんなのヒーローになることではない。

そのような表面的な目標だけにこだわっていたら、どうだろうか。

サッカーが面白くも幸せでもなくなるかもしれない。あるいは、目標を達成できなかったとき、サッカー自体が意味を失うこともありうる。

ソン・ウンジョンは息子に、サッカーをするときに幸せでいられることを常に意識するよう話してきた。

こうしてソン・フンミンの心の中に根付いた「幸せなサッカーをする」という思いが、選手としての羅針盤になった。

言い換えれば、成果や損得ではなく、サッカーをする理由、本質を絶えず再確認するよう促したのだ。ソン・フンミン自身も「サッカーをするのが大好きだ」と語っている。

核心こそ、成功の秘訣

このように本質的な目指すものを明確に持っていれば、小さな失敗が迫ってきても簡単には揺るがない。他人の視線や評価のせいで、挫折したり萎縮したりもしない。

２０２２年11月、ソン・フンミンはワールドカップを数日後に控えて、顔面骨折という大きなけがをした。

にもかかわらず、彼は顔にフェイスガードをつけて韓国代表として出場し、ワールドカップベスト16入りを果たした。負傷が悪化すれば失明の危険があると言われるほどの深刻な状況だったにもかかわらず、４試合すべてでプレーした。

ソン・フンミンはインタビューで、「1パーセントの可能性さえあれば、前だけを見て走るという気持ちでプレーした」と語った。たとえ可能性が1パーセントだったとしても、あきらめなければ成し遂げられることを自ら証明したのだ。

同じことをしていても、核心がわかっている人とそうでない人とでは、そもそも出発点から心構えが違う。

心構えが違えば、観点や行動も変わる。するとプロセスに大きな差がつくので、結果も当然変わってくる。

「核心を読めない人」は淘汰《とうた》される

スポーツや芸術、芸能の世界でトップを走り成功を収めた人たちの中には、大きな事件や、世の流れに追いつけないことで落ちぶれる人がいる。

企業も同じだ。世界有数のブランドや企業が、ある瞬間に急坂を転げ落ち、人々の記憶の中から消えてゆくこともある。

トップの栄光は決して永遠ではない。

特に、その職業の「本質」と「核心」を失えば、長い間積み上げてきたものが砂の城となり、人々からそっぽを向かれることになる。

「核心」を失った世界1位企業の末路

核心、すなわち本質を満足に把握できないまま前進すると、どんな未来を迎えることになるだろうか？

「コダック」の凋落《ちょうらく》は、その未来を示す最も代表的なケースだ。

2000年代初めまで、コダックはフィルム業界で世界1位だった。

写真技術の発展にコダックがどれほど大きな役割を果たしたかは、コダック以前を考えてみればよくわかる。

それまでフィルム価格は高く、写真は専門家たちの領域であり、一般人が簡単には近寄れない分野だった。

ところが、コダックがフィルム価格を下げたことで、写真産業自体の大衆化が進み、一般の人々の暮らしに根付いていった。

それくらいコダックはセンセーショナルな企業だった。広告キャンペーンに使われた「思い出を残そう」「コダック・モーメント」という言葉は、世界中に広まり、語られるほどだった。

写真産業を変え、人々の暮らしと文化に驚くほどの影響力を及ぼし、右肩上がりの成長を続けた企業のコダック。

今は、どんな姿だろうか？

かつての勢いからすれば、今も写真産業をリードしていて当然だ。

しかし、現実はその逆だ。

コダックはフィルム製品でケタ違いに売上を増やした。しかしそれは、時とともに足を引っ張る悪材料として作用した。

実はコダックは、デジタルカメラを最初に発明した企業でもある。その分野を先取りし、より大きな企業に成長することもできた。

しかし、彼らはそうしなかった。デジタル写真を一時的な流行として扱い、その技術を他の企業に渡してしまったのだ。

そのブーメランは２０１２年に不渡りとなって戻ってきた。コダックが捨てたその核心技術が20年後、コダックの足を引っ張ったのだ。

なぜこんなことが起きたのか？

変化する市場の流れ、その核心をコダックは的確に読み取れなかったためだ。核心を読む能力、すなわちコアリーディング能力がなかったのだ。

当時、デジタルカメラ市場は急成長しており、消費者の欲求と需要も変わりつつあった。すでにインターネット革命が起き、デジタルが人々の日常に浸透する状況だった。コダックはその動きを正確に読み取ることができなかった。

過去の成功にとどまるばかりの安直さ、市場の変化と顧客のニーズを積極的に探れなかった怠惰が作り出した結果だ。

それらをいち早くキャッチしていたなら、自分たちがすでに保有しているデジタルカメラ技術を他へ渡すことなどしなかったはずだ。そうすれば、間違った意思決定で会社を滅ぼすこともなかっただろう。

「核心」は変化する

ここで、「易地思之《ヨクチサジ》」という言葉を伝えておきたい。「立場を変えて考えてみる」

という意味だ。

核心を読み解くうえで、この言葉はとても大切になる。

易地思之を意識すれば、自分が核心だと思ったことや正しいと信じていたことを、自らもう一度見直すようになる。

核心だと思っていたことがそうではないこともあるし、時間が経って核心が変わる場合もある。

固定観念にとらわれず、絶えず新しい変化に対応することができる。

また、易地思之が身に付けば、自己中心的な考え方から抜け出し、あらゆる立場を考慮できるようにもなる。

すると、過ちやミスを素早く認知でき、瞬時に方向性の誤りを修正し、有意義な方向に進むことができるようになる。

井の中の蛙《かわず》、核心を知らず

「井蛙不可以語於海」（「井《せい》蛙《あ》は以《もっ》て海を語るべからず」）

これは『荘子』に出てくる故事成語だ。

直訳すると「井戸の中にいるカエルは海について語れない」という意味だ。

井戸の中に閉じ込められて暮らすカエルのように、とても狭い世界に閉じこもって生きてきた人は、他の世界について簡単には受け入れられない。

器が小さいから入れられるものはわずかだ。ごく一部しか理解できない可能性が高く、ときには完全に間違った解釈で受け入れる場合もある。

経験が足りない人が誰かに何かを知らせるときも同じだ。知っていることがわずかで偏狭なので、漠然とした理論や誤った概念を紹介する可能性が高い。

これは初心者よりも、中途半端な専門家や一つの分野だけに長くとどまっている人が陥りやすい落とし穴だ。

初心者は、むしろ自分の不足を知っているので、何事にも慎重にアプローチをする。井戸の中と外をどちらも理解しようと謙虚な姿勢で努力する。すべてが新鮮に映るので、アルファベットのAからZまで見て、そこに多様さが存在することに気づく。さまざまなやり方を確かめながら、バイアスや誤りを修正していく。

一方、確かな専門家でもないのにそれなりのレベルに上がった人たちは、これまで積み重ねてきた独りよがりの知識や狭い経験のせいで、むしろ偏見に陥る危険性が高い。わずかな知識を信じて軽率になりがちだ。

井戸の中は、慣れ親しんだおなじみの環境だ。逆に井戸の外は、太陽が照りつける炎天下かもしれないし、吹き荒れる台風や、天災による混乱に襲われているかもしれない。

外の世界で何があっても、井戸の中はいつもと変わらない。いつものプロセスが自動的に稼働し、あらゆることを容易に判断するようになる。一方で、井戸の外は新しいものに満ちており、混乱もあれば危険もある。

私たちは普段、井戸の中と外をあまり意識していない。

しかし、危機に直面すると、状況は一変する。

危機に見舞われたときに自分が知る使い慣れた方法で問題を解決しようとして、他の代案を考えられないことがある。

慣れたやり方に縛られて、型を破ることができないのが井の中の世界だ。

「変化に流される人」は運命を変えられない

では、井戸の外の世界で生き抜くにはどうすればいいか？

そのためには、**素早く状況の核心を把握し、代案を探して危機を突破する能力が必要だ。**

井戸の外は、柔軟に思考する人、プランBを考えられる人が、より客観的に見ることのできる世界だ。

外部変数が大きい事件が登場したとき、井戸の中と外の状況をきちんと把握できる人の対応は明確な違いを示す。

たとえば2020年1～2月、中国武漢で起きたある事件が、その後2～3年の間、世界のすべての国々の経済・政治・文化に計り知れない影響を及ぼした。

だが、これを予測した人はいなかった。

多くの人が、最初は新型コロナウイルス感染症もMERSやSARSのように一時的に伝播し、すぐに消えると思っていた。ニュースに出てくる専門家たちの話もどれも同じようだった。

ところが、新型コロナウイルス感染症は井戸の中も外もおかまいなしに、すべての人の生活を襲った。

特に自営業者には、生死を左右する大変な事件になった。旅行業、飲食業、製造業、航空業など、多くの分野で混乱と苦悩が始まった。

さらに、新型コロナが招いた傷跡が消える前に、景気低迷やインフレなどさらなる危機が連鎖的に近づいている。パンデミックの余波は、地球規模の津波となって激しい嵐を引き起こしている。

新型コロナが発生し、皆が右往左往していたときも、現実をいち早く受け入れ、変化を図った人たちがいる。

問題の状況を認識し、解決策を探して新しい試みをした人たちとそうでない人たちとでは、明暗が分かれた。

たとえば、飲食業に従事する自営業者の一部は、素早く配達への転換を試みた。一方、正常化をひたすら待っていた多くのカフェや飲食店は、これといった対策なしに、いつ訪れるかわからない春が来るまで必死に耐えなければならなかった。

旅行会社と航空会社も新型コロナの直撃弾を避けられなかった。そんな中で、ある航空会社は逆転の発想で危機を克服する決断を下し、世界の名だたる航空会社が相次いで赤字を計上する中で異例の黒字を記録した。

それは大韓航空だ。新型コロナ以前と比べて2021年の旅客売上は74パーセントも減ったが、貨物売上を66パーセントも増やした。

大韓航空は2020年6月から、客室座席の上にカーゴシートバッグを設置し、貨物輸送を始めた。続いて9月には、旅客機の座席を取り外して貨物機に転換する決断を下し、遊休旅客機で4500便以上の貨物輸送を行った。

新型コロナのような状況下でも、**変化する状況の核心を読み解き、どこに目を向けて判断するかによって、個人、企業、組織の運命を大きく変えることができる**のだ。

変化の核心を読む人だけが、「今」を生き残れる

では、どうすればそうなれるのだろうか？

それは、自分が今いる場所から眺めた空、つまり自分が見たいものだけを見るという態度を捨て去ることにある。

見える空の向こうから聞こえてくる耳慣れない音と見慣れぬ風景をあるがままに見聞きしてみるのだ。

「何とかなるだろう」という漠然とした希望や、見たままを信じようとする安直さは、私たちを現実から遠ざける。漠然とした希望にすがらず、冷酷な現実に向き合

わなければならない。危機であればあるほど、なおさらだ。

旅客機の座席を取り外して貨物機に変更するのは、決して容易な意思決定ではない。大韓航空は「旅客航空会社なら、こうでなければならない」という自分たちの望みや固定観念を捨て、最悪のシナリオに重点を移したのだ。気まずい真実に背を向けず、むしろまっすぐ見つめることで、より深刻な破局を防ぐことができた良い例だ。

井戸の外の世界は、自分が思い描く穏やかな絵ではなく、厳しい風景である場合がほとんどだ。世の中は自分の望み通りにはいかない。

特に今、科学技術が発展し、デジタル化が広がるにつれ、急速な変化と予期せぬ要因に左右される可能性はさらに強まっている。

こういうときこそ、変化に押しのけられたり、後れを取ったりしないようにするために、核心を読む能力、すなわちコアリーディングが必要だ。つまり、変化する世の中の流れをきちんと読んで対応する能力のことだ。

コアリーディングこそ、不確実性の高い時代に自分を守りながら生きていくためのカギなのだ。

世の中の核心を読み解き、「一番」ではなく「唯一」を目指せ

韓国の教育熱は熱い。しかしそれは、純粋な教育への熱意ではない。子どもに1位を取らせて良い大学に行かせることしか眼中になく、序列アップの競争に血眼になっているという意味だ。

道は他にいくらでもある。それなのに、みな同じはしごにぶら下がり、頂上に上ろうと人を押しのけ、押し出されている。その状況はまさに修羅場だ。

小・中・高校の頃を思い出してみよう。どんな教育を受け、どんな学習をしてきただろうか？　どれだけ早く確実に習得し、何位になるかに関心を向け、結果だけを重視していなかっただろうか。

その結果、実際に勉強する過程で得られるものはことごとく無視された。知識を習得するためだけにひたすら覚える勉強をし、好奇心やそこから湧き上がる疑問、自ら問題を解決するために深く考えることなど、ろくにしたことがない。

プロセスはすべて省略し、結果だけを求める。

それが私たちの受けてきた教育の現実だ。

進むべきは「他人と同じ道」ではなく「自分だけの道」

韓国は高校までが事実上の義務教育であり、無条件に高校は出て当たり前という考えが支配的だ。

大学進学率も、他のどこの国よりも高い。向学心が強く、学歴に執着する雰囲気が社会全体にあるためだ。

だからといって、学問への探求心や知的好奇心が旺盛だというわけではない。学問の本質的な目的よりも、学業成績や大学卒業証書のように他人に誇示できるスペックに執着している。

1980年の大学進学率はわずか27・2パーセントだったが、最近はどうだろうか？　鐘路《チョンノ》学院［韓国の大手大学受験予備校］が行った調査によれば、2021年の大学進学率は73・7パーセントだった。40年前と比べ、およそ3倍に上昇した。

こうして大学卒業者があふれてしまうと、大学卒はもはや特別なスペックにはならない。

それでも依然としてほとんどの親が子どもたちの大学入試に必死だ。大学を出たからといって就職の保証はないのが現実なのに。

世の中は急速に変化している。誰もが持っている大学卒業証書ではなく、特化した専門性、他人にはない自分だけの能力が必要だ。

現実がこのように変化しているにもかかわらず、いまだに大多数の親は、変わりつつある世の中や、冷酷な現実をまともに理解できず、依然として学歴中心主義に陥っている。

自分の望み通りに、自分なりの道を歩めばよいのに、みんなが行く道にひたすらついて行こうとばかり努力する。その狭い道に大勢が集まれば、血を流すほどの競争になるのは当然のことだ。個性、協力、討論、創意とは程遠い。

「一番」ではなく、「唯一」で勝負しよう

大学進学や就職ばかりではない。多くのことが、こうした群れの習性に従って進められる傾向が強い。

「ここで一番売れているものをください」

「どうせなら大勢に従ったほうがいいよ」

「君は何を食べるの？　私もそれにするよ」

私たちは他人がどうするのか、大勢がどうするのかを重視する。群れ全体の雰囲気に従おうとし、なるべく目立つまいと努力する。

個性が強かったり、主張がはっきりしたりすると、目立つ、浮かれている、意地っ張りだと言われてけなされるのが常だ。

そのためか、教育においても、間違いなく全体主義、画一化の傾向が強い。他人

にはない自分の唯一の長所を育てようとせず、みんなが飛びつくはしごにぶら下がって1番になろうと消耗するばかりの競争を繰り広げる。

今、小・中・高校に通う子どもたちが、社会の主要な担い手となって生きる時期は、だいたい2030年から2050年あたりだろう。

当然、様々な面で今とはまったく違う世の中に変わっているはずだ。

専門家たちは、過去50～60年の間に起こった変化よりも、今後10年間に起きる変化のほうがはるかに大きいと予想する。

当然、産業や雇用にも相当な変化があるだろう。専門家たちは、一つの仕事を長くできる人はごく稀で、大部分の人は職業を少なくとも5～6回以上変えなければならない世の中が来ると展望する。

今は意見が分かれているが、メタバースが拡散すれば現実世界と仮想世界が交差し、今とはまったく異なる世界を生きることになるかもしれない。人工知能やヒューマノイドロボットの進化も無視できない。

技術がさらに発展すれば、人工知能が私たちの仕事の相当部分を代替することになる。消滅する職業も増え、新しく生まれる仕事も多くなるはずなので、職業と仕事に一大革新が起きるだろう。

そうなったときに、人間はどんな仕事をしなければならないのか？　人工知能やロボットにはできない、人間だけができる仕事を探さなければならない。巨大な変化の波が押し寄せているのに、いまだに学歴競争に執着するのは現実認識能力が足りないと言わざるを得ない。

これは言い換えれば、**コアリーディング能力が著しく欠如している**とも言える。

今私たちに必要なのは、世間の人々が疑いもせずに集まる道から抜け出し、世の中の核心を見抜いて自分だけの道を切り開き、その道を屈することなく歩いていくことだ。

唯一無二の自分だけの強みと専門性によって競争力を持たなければならない。勉強も仕事も財テクも同じだ。

ブルーオーシャンを歩むために

ウォークマンから携帯電話、ステルス戦闘機からスペースシャトルまで、数多くの技術と部品を作り、日本のみならず世界中の注目を集めた会社がある。

従業員6人の町工場で、年間売上6億円以上、社員1人当たり1億円の売上を達成した怪物のような会社。それは日本の岡野工業株式会社だ。

この会社を率いたトップの岡野雅行の経歴と歩みは驚きそのものだ。

彼は小学校卒業後すぐ家業に身を投じた。やがて、父親を社長の座から降ろし、自分がその座につくクーデターを起こした。

岡野は『タイム』誌が「現代科学技術を凌駕する最高のセンサーを持つ人間」と評価するほどの世界最高の優れたプレス・金型技術者だ。「誰にもできないことをする」というモットーのもと、不可能なことに挑戦して比類なき成果を生み出してきた人物でもある。

岡野は、ステルス戦闘機用通信アンテナ、自動車追突防止用センサー、NASA

の依頼で作ったレーザー反射鏡と衛星アンテナなど、世界初と呼ばれる製品を無数に生産してきた。

その中でもとりわけ目立つのは、彼が最初に開発した「無痛注射針」だ。

初めてこの製品の開発を依頼されたとき、誰もが不可能だと言ったが岡野はあきらめなかった。彼は「蚊の口のように細い針なら、痛みもまた蚊に刺される程度ではないか？」というアイデアに着目し、根元の方はわずかに太いが、先端にいくほど細くなる注射針をデザインした。

誰も考えなかったやり方で製品を開発し、その結果は大成功だった。無痛注射針は業界でうわさが広がり、飛ぶように売れる目玉商品になった。

学歴は小学校卒の彼が、このような成功を成し遂げられた要因の核心は何だろうか？

それは、他人とは違うことを果敢に考え、恐れずに試みた点だ。つまり自分だけがやり遂げられること、独自性で勝負したのだ。

このような岡野雅行のＤＮＡは、私たちの中にもある。ただそれを発揮する機会と状況にまだ出会っていないだけだ。

みんなと同じ道を進めば、気楽で安心が保障されるだろう。しかし結局、その終わりにはレッドオーシャンが待ち受けている。

逆に少数者が進む道、多数が敬遠する道を行けば、多くの恐怖と困難には直面しても、ついにはブルーオーシャンにたどり着く。

「問い」を持ち、学び続ける人だけが人生をアップデートできる

韓国では自営業を始めるとき、たいていはフランチャイズで創業する場合が多い。しかし、念入りに準備しても、成功するのは簡単ではない。フランチャイズによる創業は、あたかも自分の体にガソリンを撒《ま》き、いつ引火してもおかしくないようなもので相当な危険を伴う。大げさな比喩のようだが、それが現実だ。

学校は正解を見つける作業の繰り返しだが、社会に出れば、正解のない問いに答えなければならない。

さまざまな状況に応じた多様なオプションがある社会では、覚えた公式だけでは生きていけない。

その代わりに、**自ら問題を見つけ、答えを見いだす能力**を培わなければならない。まさにコアリーディング能力が必要なのだ。

大方の人は、勉強は学校でするものだと誤解している。しかし勉強は、学校、家、遊び場、職場など、あらゆる場所でできる。

私たちが経験して直面するすべて、出会ってもまれて苦労する人間関係のすべてが勉強だ。学ぶ主体は先生や親ではなく、自分自身なのだ。

映画を見て偶然知った事実も、何気なく通り過ぎてしまえばそれっきりだ。でも、好奇心を持って「なぜ？」と問いを投げかければ、そこから新たな学びの道が開ける。

このように好奇心を持って質問し、その答えを探求することで、学びの機会はいくらでもつくれる。自発性が高くなり、状況に対して主体的になり、多様な試みをするチャレンジ精神も強くなる。このプロセスを通じて私たちは、次第にアップグレードしていく自分に出会うことになる。

私たちがシナリオのないスポーツ競技に熱狂するのは、何が起こるか、結果がどうなるかわからないからだ。

一つひとつの瞬間にどんなことが起こるか期待し、わくわくドキドキしながら緊張を感じる。体は離れていても、心は競技場の選手と一緒にプレーし、私たちは我を忘れるほど夢中になる。

人生も同じだ。今後どんなことにチャレンジするのかと胸をときめかせる人生、秘めた力をどう発揮するかワクワクしながら過ごす人生、そんな人生を誰もが夢見る。

結局は、**自分の人生を悩みながらも主体的に道を探す人たち**がそういう人生を生きられる。

道は決して平坦ではない。そのプロセスで予期せぬ幸運、最悪の失敗、前向きな反省、自分自身への意外な発見、最高の成功、これらすべてを経験するだろう。しかしそこで、人生の広がりに気づくだろう。

まわりに流されて「財を失う人」、核心をつかみ「金持ちになる人」

「声東撃西《せいとうげきせい》」は「口では東を攻めると言っておきながら実際には西を攻める」という意味だ。つまり相手を欺《あざむ》く戦術であり、劉邦《りゅうほう》と項羽《こうう》の逸話に由来する言葉だ。

漢の劉邦が楚《そ》の項羽と戦っていたとき、魏《ぎ》の王である豹《ひょう》が項羽に降伏するという出来事が起こった。

これにより劉邦は、突然、項羽と豹に挟まれる状況に陥った。

その苦境から抜け出すために、劉邦は韓信《かんしん》を送り込み、魏を征伐させることにした。

それに対し、魏の豹は柏直《はくちょく》を大将とし、黄河の東側、蒲坂《ほはん》に陣取り、漢の軍隊が渡河できないよう守りを固めた。

蒲坂は川沿いの天然の地形をうまく利用して作った堅固な要塞《ようさい》だった。そこで韓信は蒲坂を攻撃するのはあきらめ、妙案を練った。兵士たちに昼は喊声《かんせい》を上げながら訓練させ、夜はかがり火をたき、今にも敵を攻撃するかのように見せつけた。

そんな漢陣営の動きを見ていた柏直は、韓信が無理をしてでも蒲坂を攻撃しようとしていると思い、馬鹿げた作戦だと鼻で笑った。

一方、韓信は秘密裏に部隊を迂回させ、川の下流側にある夏陽《かよう》に送った。いかだで川を渡った漢軍は素早く進軍し、虚《きょ》をつかれた魏の豹は何の手出しもできないまま捕らえられてしまった。

この話を聞くと、声東撃西は弱者の戦術だと誤解されるかもしれない。しかし、必ずしも状況が不利なときにだけ使う戦術ではない。戦略的に相手をだまし、自分が望む結果を得る方法として、強者が使うこともある。

これは私たちの日常にも起こりうることだ。特に株式、不動産、債券など財テクの分野では、声東撃西が多く発生する。

近ごろはインターネット、YouTube、各種の記事を通じて財テク情報はあふれるほどある。

その中には無責任な主張や誤った情報もかなりある。声東撃西が多すぎて、大勢が被害を受けているありさまだ。

国家不渡りで金を失った韓国人、儲けた外国人

幼い子どもからお年寄りまで、手に金製品を一つずつ持って並んでいる——。

これは、国家不渡りを防ごうと、韓国国民が自発的に始めた1997年の「金《きん》集め運動」で見られた光景だ。

当時の状況を描いた映画『国家が破産する日』を見ると、胸を痛める韓国の素顔に出会うことになる。この映画は、初めての国家不渡りという事態が発生し、IMFに救済を要請し経済構造改善を図ることになった当時の韓国を描いている。

その後1998年5月、国内株式市場は完全開放時代を迎えた。

そして1997年12月には、外国人の投資限度が26パーセントから50パーセントに大幅に上方修正され、1998年5月には投資限度自体が完全に廃止された。

この結果、韓国でどんなことが起こったか?

外国人の株式時価保有総額は、1997年末の10兆7000億ウォンから1998年末には25兆9000億ウォンに増加した。1999年末には85兆ウォンに急増している。

以後、時が経ち2010年には386兆ウォン、そして2019年には593兆ウォンに達した。

ここで伝えたいのは、外国人が韓国のお金をすべて奪ったという話ではない。**有用な情報が人々にはきちんと伝えられなかった**、という事実だ。

当時、すべてのマスコミからは「大韓民国不渡り」「30の大企業が不渡り」のように、偏った情報だけがあふれ出た。

危機的な状況を際立たせる記事ばかりが目立ち、人々は危機の中から活路を見いだすための代案は探すことができなかったのだ。

もしもその当時、マスコミが、韓国人とは違う動きをする外国人について報道していたらどうだっただろうか？

外国人が保有している株式のうち、たった10パーセントいや5パーセントだけでも韓国国民が長期保有できたとしたら？

そうすれば、今とはまったく違う結果になっていたかもしれない。

核心という名の「宝石」をつかみ取れ

歴史は常に繰り返される。歴史が繰り返される限り、声東撃西の事例も絶えず繰り返されるだろう。

一つの声が市場を支配するときは、もしかすると声東撃西ではないかと疑って気をつける必要がある。

世の中には、フィルタリングされていない無分別な情報、悪意のあるフェイクニュースが横行しているからだ。

誤った情報に振り回されれば、損をするのは自分だ。そうならないために、真偽を見分けられる目を養っておくことが大事だ。

そうすれば、さまざまな情報があふれる中でも、自分の力で人生をリードしていくことができる。

これが、コアリーディングが重要な理由の一つでもある。

第4次産業革命の波が激しく押し寄せ、世の中の声はさらに多様化し、声高になり、複雑化している。聞こえるままに受け取らず、他人の言いなりにならないためには、玉石混交の情報をよく見分けなければならない。

だからといって、天邪鬼《あまのじゃく》になれとは言っていない。世の中をリードする声、状況を変える声、多数が騒ぐ声にも耳を傾ける必要がある。

世の中の流れを読みつつも、その中から宝石のような核心を捉えなければならないのだ。

なお、声東撃西は外部だけではなく、自分の心の中にもある。時々、自分自身をだましたり、真実を避けて通ったりすることがある。明らかにわかっていながら、とんでもない選択をしたりする。時には自分の内面に耳を傾け、真実の声を探すことも、外の世界で真実を見つけることと同じくらい重要だ。

第2章

たった1冊で人生を変える読書術「コアリーディング」

いつまであなたは「無意味な読書」を続けるのか?

「私は本当にやりたいことをしているだろうか? もし今日が人生最後の日だとしても、今からやろうとしていることをするだろうか?」

スティーブ・ジョブズは、毎朝鏡に映る自分に向かってこう問いかけたという。

毎朝のルーティンについて、ジョブズはスタンフォード大学で行った講演で詳しく語ったことがある。

なぜ、毎朝同じことを繰り返してきたのか?

彼は、人生の目的と生きる理由を絶えず自身に問い続けることで、人生への自覚を深めるためだと説明した。

つまり、自分が直面している問題の核心を見極めるために毎日問いかけ、自らその答えを探すために一日一日を生きた。

自分の人生の核心を読むためのコアリーディングを毎日実践していたわけだ。

そればかりではない。ジョブズは誰よりも人文学の重要性を強調した人物で、人文書、哲学書を深く読んでいたことでも知られている。

特にソクラテスをとても尊敬し、ソクラテスの「産婆術《さんば》」を企業経営にはもちろんのこと、自らの生き方にも適用した。

産婆術とは、自らに問いを投げかけ、その問いへの答えを探る過程で、自分の考えの弱点や誤り、不確かなことに自分自身で気づく対話法だ。

しつこく繰り返し問ううちに、次第に本質に近づいていく哲学の手法であり、これは本を読むことはもちろん、私たちの人生の諸問題を解決するために適用できる。

ジョブズは、仕事と人生において見落としてはならない核心が何なのかを毎日繰り返し見つめ直し、それをきちんと読み取って成功を収めた。アップルという会社を創業し、他の追随を許さない地位にまで押し上げた陰には、彼のこうした習慣があった。

このようにコアリーディングは、自分の力量を限りなく高め、人生の目標を成し遂げる上で大きな力を発揮する手段だ。

ここではコアリーディングとは何かを探り、本書の主なテーマである「読書」の場面でのコアリーディングについてお伝えする。さらに、なぜ今私たちにコアリーディングが必要なのか、その理由も明らかにしたい。

単なるリーディングとコアリーディングの違い

コアリーディングとは、「核心（本質）」を読み取ることだ。辞書で「コア（Core）」と調べると、リンゴのような果物の芯、物事の中心部、核心的で、最も重要なこと、心の中心、信条、価値、原則などと定義されている。

つまり、核心をなす最も本質的なもののことだ。

本質があるからこそ、そこから別のパワーが派生する。

リンゴの種にものすごいエネルギーが宿っていて、そこから生命が育まれ新しい実を結ぶのと同じだ。

核心を知ると、驚くほどのエネルギーが生じ、人生が変わり発展していく。

つまり、**問題を解決し、変化をもたらし、成果を創出するために、物事の本質を読み解く**のがコアリーディングだ。

表面的な内容だけを見るのでは単なるリーディングに過ぎない。コアリーディングとは、多様な情報の中から自分にとって必要で核心となるポイントを抽出し、そこから知恵と洞察を得る能力のことだ。

「たくさん読む」より大切なこと

体の健康のために「プランク」で体幹を鍛えるのが良いことはよく知られている。体幹トレーニングをすれば、体の中心部の筋肉が鍛えられ、正しい姿勢を維持するのに大いに役立つ。さらに、身体能力と運動能力が向上して健康になるばかりか、生活の質も向上する。

だから、さまざまな運動の中でも特に体幹トレーニングが重要だと考えられている。

プランクをするとき、多くの人が基本動作を4〜5分間、長く耐えようと努力する。

しかし、時間をかければ無条件に効果が得られるわけではない。

スポーツ科学者によれば、効果的に体幹の筋トレをするには、30秒のプランクを何度か繰り返し、さらに足を片方ずつ持ち上げるなど動作を変えることが重要だという。

むやみに長く耐えるより、短い時間、体幹に集中することが重要なのだ。

コアリーディングの原理もこれと同じだ。

本をいったん開いたら、じっと座って最初から最後まで読まなければならないという強迫観念や、本をとにかくたくさん読めば良いという錯覚から抜け出さなければならない。

大切なのは、長くたくさん読むことではない。核心を正確につかみ、自分の人生に役立つメッセージを早く見つけることだ。さらに、それを実生活に適用して実践できれば申し分ない。

体を構成する筋肉を理解し、体幹筋肉について深く知ると、プランクの姿勢が変わり効果も上がる。そして体幹が強化されれば、身体能力とエネルギーが全般に向上し、他のスポーツの習得、実践能力も良くなる。逆に、間違った姿勢で運動すると効果がないばかりか、むしろケガをすることもある。

読書も同じだ。いや読書に限らず、あらゆることが同じだ。**どんなことにおいても本質をきちんとつかみ実行すれば、むやみやたらに取りかかるより、プロセスにも結果にも大きな差が生まれる。**

読書を負担に感じてそっぽを向く人や、間違った読書法のせいで多くの時間を割いても何も得られない人は多い。

コアリーディングは、そんな人たちにとって、**効果的で効率的な読書法**になる。

そして実は、コアリーディングは人生全体に活用できるツールでもある。

本でも仕事でも、世の中の流れをつかむ際にも、核心を正しく、そして速く読み取ることが重要だ。

それができれば、自分を一層アップグレードし、より良い人生に進むことができる。

とくに今、私たちは、未来に向かってものすごい速さで変化するデジタル文明時代を生きている。情報はあふれ、学ぶべきこと、知っておくべきことであふれている。

それだけではない。テレワークやオンラインミーティングが一般化し、ＡＩが人々の仕事に取って代わる時代だ。

しかも、２０３０世代［１９９８年以降に生まれた世代］の平均寿命は１００歳になると予測され、社会の高齢化はすでに始まっている。

願わなくても私たちは長く生きなければならず、必然的に働き続けなければならない。長生きする代わりに、それに見合った経済力も必要になるということだ。

このような時代を生き抜くために、私たちが何より必要とするのは、**自分に必要なものを、迅速かつ正確に手に入れる能力**だ。

コアリーディングは、まさにそれを実現してくれるスキルだ。核心、すなわち本質を見抜く能力が強化されれば、どんな状況でも軽やかに生きていけることだろう。

コアリーディングの出発点「コアクエスチョン」

プリツカー賞を受賞した安藤忠雄は、国内にとどまらず、海外での公共施設の設計なども数多く手がける世界的な建築家だ。

彼の名声だけを聞くと、有名大学の建築学科を卒業した世界的なエリート建築家だと思うかもしれない。

しかし、実はそうではない。彼の履歴はひときわ格別だ。

彼はもともとボクシング選手だった。だが、ボクシングに才能がないことに気づき、肉体労働をしていた。

そんなある日、本を読んでいて現代建築の父と呼ばれるル・コルビュジエの作品に遭遇する。それがきっかけで新しい夢を見る。建築という未知の世界が彼の好奇心を強烈に刺激し、情熱を目覚めさせたのだ。

安藤忠雄は、すぐにル・コルビュジエを訪ねたが、彼はすでに亡くなっていた。

しかし、ル・コルビュジエが残した建築、ノートルダム・デュ・オー礼拝堂を見て、安藤は再び新しい悟りを得る。「光を利用するだけでも、美しい建築になる」という事実だ。

その後、安藤忠雄はヨーロッパ全域を旅し、建築を見て回りながら、独学で建築に関する知識と哲学を積み重ねていった。

その過程で、水、石、木、光、空、風など、自然と建築が共に呼吸する安藤忠雄ならではの建築美学が作られた。

建築の基礎的な知識さえなかった彼が、このように驚くべき美学と芸術的視点を持つことができた理由は何だろう？

それは、彼が**強い好奇心から生まれた問い**を、自ら考え、行動し、答えを探し続けたことにあるだろう。

好奇心から生まれた「問い」が成長を呼び込む

私たちの成長を促すのは、好奇心とそこから生まれる「問い」だ。

問いと討論で構成されるユダヤ人の「ハブルータ学習法」は、確かな思考と独創性を育む方法として有名だ。

だからなのか、芸術、科学、政治、経済など分野を問わず、世界をリードする人物のうちユダヤ人はなんと22パーセントを占める。

アルベルト・アインシュタイン、ジークムント・フロイト、スティーヴン・スピルバーグ、ビル・ゲイツ、スティーブ・ジョブズ、ラリー・ペイジ、マーク・ザッカーバーグ、ヘンリー・キッシンジャー、アラン・グリーンスパン、ユヴァル・ノア・ハラリなど、代表的な人物を挙げればきりがない。

学校の授業が終わると、ほとんどの母親は子どもたちにこう尋ねる。

「今日学校で何を学んだの？」

しかし、私の母は決まってこう尋ねた。

「今日は先生にどんな良い質問をしたの？」

まさにこれが私を科学者にした。


ユダヤ人のノーベル物理学賞受賞者、イジドール・イザーク・ラービの言葉だ。

ここには、受動的ではなく、能動的な知識の探求がどれほど重要なのかが鮮明に表れている。

米国ニューヨークにあるセント・ジョーンズ大学は、独特の教育法で知られている。中でもユークリッドの『幾何学原論』の講義では、その始まりが格別だ。

初回の授業は、たいてい次のような問いから始まるという。

「ユークリッドの定義3番『直線の両端は点だ』、これに同意するか？」

おそらく教科書に出てきた内容だから「当然、正しいだろう」と考える人が多いはずだ。

しかし、セント・ジョーンズでは、当然とされることに疑問を投げかけることで、まったく異なる視点を持つように誘導する。正解を探すのが目的の教育ではなく、問いを通じて自ら真理に近づく教育法だ。

2013年当時、20代の青年だったラファエル・イリシャエフとヤキール・ゴラがゴーパフという会社を創業したきっかけも、一つの問いから始まった。

フィラデルフィアにあるドレクセル大学に通っていた2人は友人どうしで、水タバコを吸いながら遊んだり、コンビニに出入りしながら徹夜したりする平凡な学生だった。

しかし、彼らはコアリーディング能力に秀でていた。いつものように友だちと一緒に遊んでいたラファエルとヤキールは、ふと疑問に思った。

「どうしてコンビニは配達サービスをしないのだろう？　30分以内に品物を配達してくれるコンビニがあれば、自分たちのような人にはとても魅力的なのに」

日常の中で浮かんだ好奇心と問いから始まった彼らのアイデアは、予想外の成果を収めた。

2013年に2人で始めたゴーパフ社〔食品や日用品のデリバリーサービス会社〕は、2019年に2億5000万ドルを超える売上を記録し、同年にソフトバンクから7億5000万ドルの投資を受けた。2022年にはディズニーの元CEOボブ・アイガーが同社に投資し顧問として合流した。

このように、**小さな好奇心から生まれた問いは、平凡な日常に波紋を起こす。**

以前とは違う視点で世界を見るようになり、以前とは違うやり方で世の中を生きていくようになる。

「コアクエスチョン」と「クエスチョン」の違い

コアリーディングにおいても、「問い」が始まりとなる。

コアリーディングで最も重要なこと、それはまず「**コアクエスチョン**」を持つことだ。

では、「単なる疑問」と「コアクエスチョン」にはどんな違いがあるのだろうか？

それは**好奇心から生まれたものかどうか、**だ。

好奇心から生まれた問い（コアクエスチョン）は、成長の好循環を生み出すことができる。

・**好奇心を持つ**：好奇心はときめきを生み、ときめきが好奇心をさらに掘り下げる
↓
・**問いが生まれる**：好奇心から生まれた疑問であれば、より鋭く耳を傾けられる
↓
・**自分だけの観点が得られる**：好奇心を抱いて問い続ける過程で、自分だけの観点や考えの骨組みが作られる

海外旅行に出かけると、同じ行き先でも写真だけ撮ってくる人もいれば、他人とは違う学びを得てくる人もいる。

ローマのバチカンにあるサン・ピエトロ大聖堂には、神がこの世に遣《つか》わした天才芸術家ミケランジェロ・ブオナローティの「ピエタ」が展示されている。

多くの人は、「ローマ観光には欠かせない」「有名な彫刻だから」と言われて見に行き、ただただ彫刻に圧倒されて終わってしまう。

しかし、コアリーディングをする人なら、きっと違う観点でその彫刻作品を見るだろう。好奇心がふくらみ、問いが生まれるからだ。

「なぜ息子イエスが母マリアより小さい体格に作られたのか？」

「マリアの顔が若く表現された理由は何だろう？」

「ミケランジェロという彫刻家は、彫刻という行為を通じて何を表現しようとしたのか？」

このような好奇心をもって疑問を投げかけ、それに対する答えを探しながら作品を見ると、自分だけの観点と洞察が生まれる。

ピエタでイエスの体が小さく見えるのは、彫像を眺める「視線」が関係している。

ミケランジェロは正面から眺める「人の視線」ではなく、上から見下ろす「神の視線」に重点を置いてイエスとマリアを彫刻した。ピエタは俯瞰して見るべきものであり、そうすることで初めてイエスとマリアの体の比率がふさわしく見えるのだ。

小さな好奇心から生まれた問いから、

コアクエスチョンが生み出す好循環

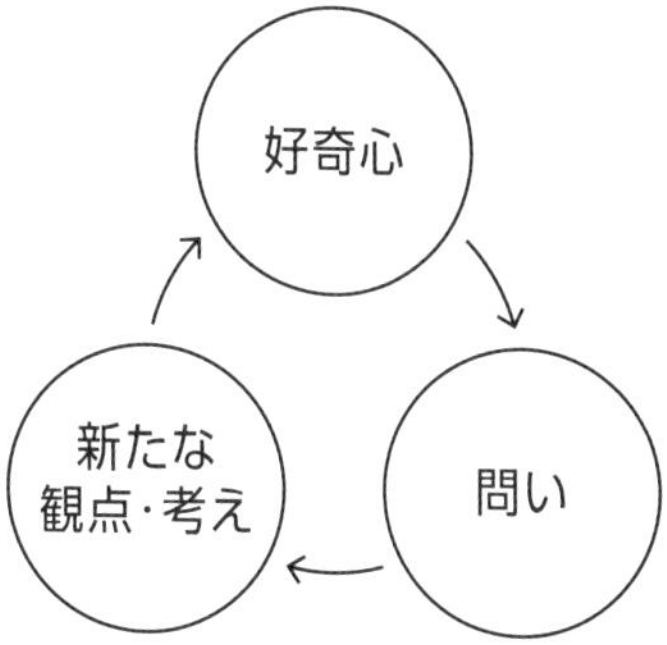

作者が自分の彫刻品がどんな視線で見られることを望んだかがわかるわけだ。

ミケランジェロという彫刻家についてあらかじめ勉強しておけば、きっともっと多くのことを感じられるだろう。

ミケランジェロは「私は彫刻をするのではない。石の中に隠れている形を取り出すだけだ」と言った。

彼にとって彫刻は石の中に魂を吹き込む過程だった。だから、生涯をかけて完璧な石を探し回った。ピエタを作る時は、石を掘り出して運ぶだけで9カ月以上かかったという。

このようなストーリーや、ミケランジェロが作品の材料を探し求める姿勢、作品にまつわる秘話などを知っておけば、同じ彫刻作品でもまったく違う観点で見ることになる。

さらに、知れば知るほど気になることも増えるものだ。つまりコアクエスチョンが生まれることになる。

「好奇心から生まれた問い」を持ち、「自分だけの答え」を探そう

安藤忠雄は建築学の父ル・コルビュジエに会おうとしたが会えなかった。

もしかすると皮肉なことに、彼に会えなかったことが、安藤忠雄のコアリーディングを強化したのかもしれない。

ル・コルビュジエに会えて、望む答えを聞くことができたなら、示された答えの中に閉じ込められていたかもしれないからだ。

自ら答えを探さなければならなかった安藤忠雄は、好奇心とそこから生まれた問いから、自分だけの仮説を立て、斬新な実験を試みながら、独創的な建築概念とプロトタイプを作り出した。

好奇心がある人は、きっとうまくいく。だから、私は「年金より大切なのは好奇心だ」と強調する。

投資の鬼才であり世界的な富豪、ウォーレン・バフェットが投資に成功したのも、投資に対するたゆまぬ好奇心のためだ。

実際、彼は両親から遺産を一銭も受け取っていない。しかし、10歳の時から父親に株を学び、31歳ですでに百万長者の隊列に加わった。

彼は幼い頃からすでに別格だった。コーラを仕入れては売り、競馬の予想結果を掲載する新聞を販売するなど、商業的な才能を発揮した。

これは生まれつきの才能ではなく「どうすればお金を稼げるか?」を絶えず自ら問い続けた結果、花開いた才能だ。

株式投資に興味があったバフェットはベンジャミン・グレアムに憧れ、彼から株式投資の神髄を学びたくなった。コロンビア大学でMBAを取得した後、何度もベンジャミン・グレアムを訪ね、ついに彼の下で働くことになった。

つまり、好奇心から生まれた「どうすればお金を稼げるか?」という問いが、彼を世界最高の金持ちにしたと言っても過言ではない。

彼のエネルギッシュな好奇心、絶え間ないコアクエスチョンは歳を取っても衰えない。

「10年後にはどんな産業分野が浮上し、どんな企業が世界をリードするだろうか?」

バフェットは、この種の問いへの答えを見つけるために毎日何時間も質問し、探求しながら隠れた宝石を探し出す。そのおかげで、誰もがお金を失う株式市場で、数十年もの間生き残ることができた。

このようにコアリーディングで最も重要であり、ファーストステップとなるのは好奇心とそこから生まれる問い、つまりコアクエスチョンだ。

平凡なアウトプットをする人は、好奇心もないまま、「正解」を探そうとする。

しかし、非凡なアウトプットをする人たちは違う。

好奇心から生まれた問いを持ち、「自分だけの答え」を探す過程でまったく新しい観点を得る。

コアリーディングとは、どんな読書術か？

コアリーディングは、効果的で効率的な読書法の1つだ。コアリーディングの要点を整理するとこうなる。

「自らの問題解決のために本を読み、核心を3時間以内に探し、整理する方法」

もう少し具体的に説明しよう。

ここでいう問題解決の対象となる範囲は広い。人間関係や仕事、はたまたお金を稼ぐ方法かもしれない。健康に関することでもいい。

3時間というのはあくまでもイメージで、実は30分でも、3日でもいい。

自分の問題を解決するために、効率的に本を読み、限られた時間に最大の効果を

享受する。それがコアリーディングの本質だ。

１００冊の本を読んでも気づくことが何もなければ意味がない。一方、たった1冊を読んだだけで、人生を変える1行に出会えれば、１００冊、１０００冊、1万冊を読んだよりも価値がある。

世の中のすべてが同じだ。「核心」を把握できずに何かを一生懸命こなしても、何も得られない。

熱心さより、うまく成し遂げることが肝心だ。

量よりも質、丁寧な仕事をすることが大事だ。

つまり重要なのは、核心をしっかりつかむことだ。

良い読書には「効率」も「効果」もある

効率と効果は、語源が同じで「Efficere」というラテン語に由来する。

効率（Efficiency）はどれだけ能率よく成し遂げられたか、その度合いを言う。

一方、効果（Effect）は結果、すなわち目的がどれだけ達成されたかを意味する。

この2つは、コインの表と裏のように切っても切れない関係だ。効率を高めるために効果（結果、成果）をないがしろにしたり、効果を高めるために効率をおろそかにすることはない。

たとえば、ある仕事をするのに、結果だけを最優先すると、プロセスがもたらす意味を見失ってしまう。

一方、1週間かかる業務を2日で終えたのに、成果は良くなかった。あるいは1カ月に10冊の本を読んだけど、知識は残らず感動も得られなかった。これらには効率があるだけで、効果がない。

何かに取り組む途中では、効率か効果か、一方に重心を置くこともある。

しかし、究極的には、この2つの強みが結びついてこそ、持続的に成果をあげ続けられる。

これを踏まえると、コアリーディングという読書は、**「効率的なプロセスを通して自身の問題解決に集中し、圧倒的な効果を出す読書」**だと言える。

読書の効果、つまり目的達成の度合いは、「自らが抱える問題をいかにうまく解決したか」によって決まる。

「効率的なインプット」と「効果的なアウトプット」

コメディアンのコ・ミョンファン氏は、ドラマ撮影の帰途、交通事故に遭い、医師に2日以内に死ぬかもしれないと言われた。青天のへきれきだった。思いがけない苦痛を経験し、無事に復帰した彼は以前とはまったく違う人生を生きることになる。

やりたいことをやろうと心に決め、ミュージカルに挑戦し、講演も行い、そばチェーン店の社長業にも熱心だ。

彼はコアリーディングによって、人生に大転換をもたらした一人だ。

コ・ミョンファン氏はこう語る。

「家で読書をして過ごしていたある日、書斎に並ぶ本を数えてみると1200冊くらいありました。そのうち最初から最後まで読んだ本は1000冊ほどでした。ずいぶんたくさん読んだのに、〝本を読んで何をしたのだろう？〟という思いがふくらみました」

つまり、**インプットは1000冊だったのに、アウトプットはゼロだった**というわけだ。

彼は、「ただ本を読むだけでなく、本の言う通りに生きてみよう」と決心し、本に書かれていることを実行に移してみることにした。

本の言う通り実行したといっても、何も考えずにただ従ったわけではない。自分に合う核心を見つけ出し、それを適用したという意味だ。言い換えれば、「本で得た情報を創造的に活用する」というアウトプットをしたのだ。

彼は交通事故に遭った後、2度目の命を得たと考え、人生に傾けるエネルギーの方向を完全に変えた。4つの事業の失敗を経験したが、5つ目に始めた事業のそばチェーン店を成功に導くことができた。

5つ目のビジネスを始めようとしたとき、彼は本からアイデアを探そうと考えた。最初に彼にインスピレーションを与えたのは『デフレの正体――経済は「人口の波」で動く』という本だ。

この本から「そば」というアイテムを見つけ出した。でも、この本にはそばの話はまったく出てこない。

では、彼はこの本を読んで、どうやってそばというメニューを見つけたのだろうか？

本書では、「現役世代人口の減少」と「高齢者の激増」という問題が指摘されている。激増する高齢者の需要をビジネスのアイデアとして考えた結果、ヘルシーな「そば」に行き着いたのだと彼は語った。

「日本のように韓国も少子高齢化問題が深刻になると思いました。年配の方は健康的な食べ物を常に探しているという確信も持ちました。それで提供するメニューをそばに決めたのです」

日本人がそばを好んで食べるように、韓国でも健康的な食べ物が大勢を占めることを見抜いたのだ。

次にインスピレーションを得た本は『「紫の牛」を売れ！』だ。

この本にあった「自分の考えや意見より、顧客が言うことに耳を傾けなさい」という言葉をすぐ商売に適用したという。

その1つが4時から5時までブレイクタイムを設け、無料でバリスタ、ダイエット、作詞などの講座を開いたことだ。

すると、オンライン上で講座の口コミとともに「そばが美味しい」というコメントが掲載され、いい宣伝になった。

ダニエル・ピンクの『人を動かす、新たな3原則』を読んだときには、注文を受ける際にお客さんが言った言葉を復唱するだけで好感度が高まることも知った。

これもすぐに活用した。たとえば、お客さんに「ジャガイモとカクテキのおかわりをください」と言われたら、「はい！　ジャガイモとカクテキですね！」と答えるようにした。不思議なことに、食堂の雰囲気が明るくなった。

チョ・ヒョンジュンの『なぜ売れるのか』〔未邦訳〕を読んだときには、「食感」が食べ物の味を左右するという事実を知った。

そこから、自分がそばを学んだ創業40年のお店の味を乗り越えられるかもしれないアイデアが浮かぶ。さまざまな麺の太さを試し、常連客に味見をしてもらってフィードバックを受けた。

こうしたプロセスを経て、つゆが一番美味しく絡み、顧客が一番好む食感の麺の太さを発見した。

これはコアリーディングが私たちに何をもたらすかを示す好例だ。何よりコ・ミョンファン氏の事例は、本を読む私たちへの示唆に富む。

コアリーディングは、速く読むことと多読することには焦点を合わせない。読書を通して問題解決に必要なヒントを得て、具体的な成果を出すことに焦点を合わせる。

世間には、賢いが仕事が下手な人、本はたくさん読むが雑学知識が多いばかりで、実践に必要な核心は1つもわかっていない人がいる。

彼らは、うまくアウトプットすることができない。それでは何も変わらない。

読書で重要なのは、「効率的なインプット」と「効果的なアウトプット」を持続し、好循環を作ることなのだ。

読書効率を劇的に上げる「コアワード」

アーサー・コナン・ドイルの小説『緋色《ひいろ》の研究』で、シャーロック・ホームズはこう語る。

「ワトソン君、推理なんだよ。蛇口から落ちる一滴の水からナイアガラの滝を思い浮かべることだ」

この台詞は、推理だけでなく、コアリーディングの本質を最も端的に説明している。

手に余る問題や悩みも、全体を崩すたった1つのドミノ、すなわち「コアワード」を見つけさえすれば解決できる。

たった1つのドミノを倒すことで、私たちの身長より10倍、20倍も高いドミノを意外と簡単に崩すことができるように、重要なのは、その最初のドミノが何かを探すことだ。

コ・ミョンファン氏が事業を4回も失敗したのは、この最初のドミノを見つけられなかったからだ。

私たちが引退する頃には、大金ではなくても数千万円の貯金、自分名義の家一軒、そして経済的に自由であることを願う。

しかし、そんな願いをかなえた人は思いのほか少ない。

その理由は、20〜30代から、1つ目のドミノ、つまり「核心」を探す努力を着実にしていなかったからだ。

コアワードとは何か?

韓国には、1万冊の本を読んでこそ真の読解力が得られるという言葉がある。

しかし、なぜ1万冊なのか？　どうしてそんなにたくさん読むべきなのか？　量を積み重ねると質が保証されるという「量から質への転換」の法則には一理あるとしても、10冊で1万冊を読んだ効果を出すことができれば良いのではないか。何もそこまで量にこだわる必要はあるのだろうか。

コアワードを上手に見つければ、この問題を解決する道が開ける。

一冊300ページの本があるとしたら、だいたい60ページの中に作家の核心が詰まっている。

つまり、60ページをしっかり読めば、300ページを読んだのと同じ効果を得ることができる。「80対20の法則」と呼ばれるパレートの法則〔成果の8割は全体の2割が生み出す傾向をさす法則〕だ。

コアワードを意識すれば、それが実現できる。

では、コアワードとは何か？

2つの意味がある。

第一に、**1冊の本の始まりになった単語**（本の核心となるキーワード）という意味だ。

つまり、著者が本を書く中で核心として扱う単語を指す。その本自体の内容の核心とも言える。

コアワードから多くの考えが広がり、1冊の本になる。だから、本ごと、章ごとに核心となるキーワードが何かを把握しながら読めば内容理解にとても役立つ。

最初から最後まで漫然と本を読むのと、コアワードを把握しながら本を読むのとでは大きな差がつくだろう。

コアワードの第二の意味は、**あなたの問題を解決するヒントになる単語**ということだ。

本の中には、著者のコアワードから派生した多くのキーワードがある。その中でも、特に「自分の問題解決の糸口になるキーワード」が自分にとってのコアワードになる。

本から自分の問題を解決するキーワードを見つけることができれば、本を読み、さまざまな策を試すのにかかる時間とお金、エネルギーを節約し、1〜2回の試行錯誤で解決できる可能性が高まる。

コアワードで、読書体験が脳レベルで変わる

コアワードを意識して本を読むメリットはほかにもある。1冊の本からより主体的に情報を収集できることだ。

意識しているアイデア、テーマ、課題に該当するキーワードがあると、脳は敏感に反応する。

このように、主題と関連した情報を自動的に集める脳の働きをブレインコーリング機能と呼ぶ。

ブレインコーリングに優れた人は、問題解決力が高い傾向がある。

人間の大脳皮質で最も大きな部分を占めるのが前頭葉だ。頭の前部にあることから前頭葉と呼ばれる。

前頭葉は主に人間の思考と感情を調節する働きを担う。言語機能、感情と論理的思考、対人関係、実行能力などの機能を前頭葉が担当する。

前頭葉が思考機能を十分に果たすには、主題、すなわち問題意識が明確でなければ

ばならない。主題を意識した瞬間、ブレインコーリングが稼働して、主題に関する情報を得ようとするからだ。

つまり、脳は自ら問題に対する答えを見つけられるようプログラムされている。さらに好奇心の強さによって脳の思考機能は変わる。

したがって、何かを意識した瞬間に、脳は関連するものを探し出すのだ。だから、明確な意図の刺激を与えなければならない。

新たに絵を習い始めることを想定してみよう。そう決めた瞬間から、行く先々で目にする壁にかかった絵や、美術材料などが目につき始めるだろう。

絵に関心を持つ前は、目に入ってこなかったものが、一つひとつよく見え、絵との距離感が近くなったように感じる。

新しい色に髪を染めた日、急にほかの人たちのヘアスタイルに目が行くようになるのも同じ原理だ。これがブレインコーリング機能だ。

コアリーディングを始める前に

好奇心は読書を可能にするが、本を読み切るエネルギーとしては、好奇心だけでは不十分だ。

そこで必要なのが**「本気心」**だ。

「本を本気になって全力を尽くして読む心」である。

言い換えれば、**必ず問題を解決しようとする気概**だとも言える。

「本気心」を持つには、次の2つを心がける必要がある。

・目的を明確にする

・アウトプットを意識する

第一に、自分がこの本をなぜ読むのか、その「目的」を明確にすることが大切だ。それがないとただだいつものように本を読んでしまう。

第二に「アウトプット」を意識すること。本を読むなら、必ず成果を出したい。そこまで考えてこそ、深い読書ができる。

そして、「面白さ」を感じられればなお良い。面白いと言っても娯楽のように単純な面白さではなく、成長へ向かうことから生まれる面白さだ。

これらを意識して、これから実際にコアリーディングを始めてみよう。

コアリーディング ステップ⓪

解決すべき問題（ワンシング）を明確にする

では、具体的なコアリーディングの手順について説明していこう。

何よりまず、自分が解決したい問題を明確にすることが大切だ。

コアリーディングを始める前に、自分だけの「ワンシング」、すなわち自分が解決しなければならない問題を知り、本を読む目的を明確にする必要がある。

自らに問いかけ、自分が抱える問題は何かを認識しよう。つまり、「**自分はこの本を何のために読むのか**」、目的を明確にするのだ。

自分が解決しなければならない問題（ワンシング）を明確にするには、それがどんなカテゴリに属するか知っておくといい。

人生の中で直面するワンシングのパターンはだいたい次の３つのカテゴリに区分できる。

１つ目は、**「すでに起こっている問題」**だ。顧客のクレームや不良品の発生などがこれにあたる。

２つ目は、**「今はうまくいっているが、もっとうまくやってみたい問題」**だ。生産性を高めたい、原価を節減したいといった問題がこれにあたる。

３つ目は、**「まだ起きていないが今後どうするかという設定型の問題」**だ。新規顧客をどう確保するか、新しいアイテムを企画したいといった問題がこのパターンだ。

ワンシングが決まったら、それを「コアクエスチョン」に落とし込もう。

簡単な例を挙げてみよう。仮に私の抱える問題が「金持ちになりたいこと」だとしてみよう。だとすれば、まずどんな金持ちになりたいのか、具体的に考えなければならない。

コアクエスチョンとしては「平凡な会社員で10年間に２億ウォンを稼いだ人がいるだろうか？」などが考えられるだろう。

コアリーディング ステップ①

核心を探す

解決したい問題を設定し、そこからコアクエスチョンを導き出したなら、実際に読書でそれを解決していこう。

何よりまず、どの本を選ぶかはとても重要になる。

「外見で人を判断するな」という言葉があるが、本の場合は「表紙を見るだけで判断せよ」と言いたい。

コアリーディングをする際は、**表紙を見て自分の問題解決に役立つかどうか判断しよう。**

タイトルが抽象的な場合や、情報が足りない場合は、サブタイトルとコピーを見るのがおすすめだ。

たいていサブタイトルにはその本の核心となるコンセプトが含まれている。そして表紙と裏表紙にあるコピーを読めば、この本の核心となるキーワードやメッセージ、対象としている読者、この本の活用法などがわかるだろう。

表紙を見て自分の問題解決に役立ちそうだと判断したら、本を読み始める。

コアリーディングの3ステップ

コアリーディングは3段階のプロセスからなる。

・（ステップ⓪　解決すべきワンシングを明確にし、コアクエスチョンを設定する）
・ステップ①　核心を探す
・ステップ②　核心を読み込む
・ステップ③　核心を整理し、実行する

ここで重要なことがある。ここで言う核心とは、著者が示す「核心」ではなく、**「自分のための核心」**という意味だ。つまり、自分の問題解決のために核心を探すのだ。

核心探しには、自分が本を読むのに要する全時間のうち6分の1程度を使う。読書時間が3時間なら30分だけ割こう。このように使える時間を決めると効率が高まる。

核心読み込みには6分の4を割いて2時間、核心整理には6分の1の30分を割く。コアリーディングに初めて取り組む段階では、時間配分を決め、アラームをセットしておくことをおすすめする。限られた時間内に素早く核心を見つける練習をするためだ。

コアリーディングでは、著者が本の中で語るすべての内容を理解し、受け入れる必要はない。

自分に必要な内容だけを探して理解し、アウトプットにつながれば良い。1つの章を集中的に読むのもいいし、スキップして必要な部分だけ読んでも構わない。

「自分に役立つ本か？」を見抜く3つのポイント

まずは核心探しから始めよう。

「自分だけの核心」、つまり自分のコアクエスチョンを解決するためのコンテンツがこの本にあるかどうかを見抜く。

自分に必要な核心だけを探して読むには、自分自身に**「この本で見つけたいものは何か？」**と最初に質問しておくといいだろう。

それでは、具体的な例を挙げて詳しく見てみよう。

たとえば、私が次のコアクエスチョンを抱えているとしよう。

> 午前中に業務の50パーセント以上を処理し、定時退勤するにはどうすればいいか？

この問題を念頭に置きながら表紙を検討し、『なぜ、あなたの仕事は終わらないのか』（中島聡著、文響社）という本を選んだとする。

まずは、素早く「本の核心」を見つけられる3つの部分を中心に読もう。

3つの部分とは、**プロローグ**（まえがき、はじめに）、**目次、エピローグ**（あとがき、おわりに）の3カ所だ。

それでは実際の本をもとに、核心探しをしてみよう。

プロローグで「自分のための本か？」を素早く見抜く

プロローグには著者の執筆動機と主な内容など、本の核心が書かれている。したがって、プロローグを読むと、自分が望む内容が本に含まれているかどうかを判断しやすい。

プロローグを読む際は、ただ1つのことを考えればいい。

「自分の問題解決に役立つ内容がこの本にあるのか、ないのか？」だ。

私のコアクエスチョンは「午前中に業務の50パーセント以上を処理し、定時退勤するにはどうすればいいか？」だった。

この問題を解決するのにこの本がどう役に立つか、プロローグを見てみよう。

その際、本にマーカーを引いたり、書き込んだりするのをためらう必要はない。本はきれいに読むものという思いこみを捨て去ろう。

自分に役立つ部分にはマーカーを引き、星印もつけて、メモも書いて、積極的に活用してほしい。それが本を惜しみなく活用する方法だ。

プロローグには「**この本が誰に向けて書かれたのか、どんな内容を扱っているのか**」が示されている。自分が望むものが、この本から得られる可能性が高いことがわかる。

『なぜ、あなたの仕事は終わらないのか』には次の一文があり、ここから私のコアクエスチョンを解決する内容が期待できそうだとわかる。

今日も残業だ。仕事が終わらない。また先送りしてしまった。やりたいことが全然できない。もっと効率的な方法があるんじゃないか。そんなことで、日々悩んでいる

みなさんに朗報です。この本は、「好きなことに思いっきり向き合う」ための時間術の本です。

——『なぜ、あなたの仕事は終わらないのか』p．2、3より

さらに、プロローグでは「ロケットスタート時間術」というコアリードを見つけた。ピンと来たコアワード、まさに、問題を解決する糸口を見つけたのだ。この言葉を赤で囲み、余白に「コアワード」と書く。

また、本を読んでいると、著者の文章の中に自分の考えと一致する文を発見したり、心に深く響いて覚えておきたいと思う言葉を発見したりすることがある。あるいは「いつも勤勉な同僚の中に朝型人間がいたな。どうりでその同僚はいつも業務成果が良かったわけだ」というように、本を読んでいる最中に、ある事件や人物が思い浮かぶこともある。

こうした連想で思い浮かんだことも本の余白に書き込んでおこう。**この部分は自分の問題解決に役立つアイデアの種となる。**

こうやって自分のためのアイデアを探すことで、正解だけを探す圧迫感から抜け

積極的に本に書き込み、活用しよう

自分に鞭打って、眠い目をこすりながらパソコンに立ち向かわなければならないこともよくあります。つらいときがまったくないかと言えば嘘になります。

しかし、時間を自分の手の中に取り戻し、時間を最大限にまで効率的に運用し続ければ、もしかしたら2倍以上の能力差のある優秀な人たちをも出し抜けるのではないか、と思っていました。恐れるべきは失敗することではなく、自分の「やりたい」という思いに不誠実になることだったからです。

すると結果として、幸せな人生を手に入れることができたのです。「やりたいこと」を実践するよう努力し続けていたら、結果を出すことができた、というわけです。

その結果を出すための自分のやり方を、今回私は「ロケットスタート時間術」と名付けました。本書では、みなさんにこの方法を最速で身に付け、一生定着させていけるように、次のような流れでお伝えしていきます。

コアワード

★朝型人間のAさんが
良いモデルになるかもしれない。
Aさんがどうやっているかを
聞いてみたい。

『なぜ、あなたの仕事は終わらないのか』p.7

出せる。枠組みが決まった「正解」ではなく、「自分だけの答え」を探すことになると、脳は楽しさを感じるようになる。

「正解」は自分が決めたわけではなく、誰かがあらかじめ決めたものだ。逆に、「答え」は自分だけのものだ。

答えを探し求めることで思考の枠組みが拡張され、創造力なども含め自己決定力が高まる。自分で道を開けば、そのときから、新たな概念の道が形成される。

著者が示した道に沿うのではなく、自分が見つけた自分だけの道を探そう。

さらに、プロローグには本の構成や、特に大切な箇所が記されていることもある。

4章以降　メインとなるノウハウのすべてを公開していきます。

――『なぜ、あなたの仕事は終わらないのか』p．8より

プロローグにこう書いてあるので、4～6章を先に読むのもいいだろう。私のコアクエスチョンを解決してくれそうな最も核心的なソリューションが含まれている

可能性が高いからだ。限られた時間内に効率を高め、最大の効果を得るために。

目次をフル活用し、「選択」と「集中」を図る

「作家はインテリアデザイナーではなく建築設計士だ」

ノーベル文学賞を受賞した作家アーネスト・ヘミングウェイの言葉だ。これは文章を書く上で、目次の設計が重要なことを比喩的に表現している。

朝鮮時代の儒学者チョン・ヤギョンも目次の重要性について「先定門目法《ソンジョンムンモクポプ》」という言葉で表した。具体的な作業に入る前に「門目」、すなわちまず目次を立てて整理しろという意味だ。

目次は本の設計図であり、本のテーマをどう展開していくか、著者の考えを表す地図だ。

家を建てるときには設計図が完璧であってこそ欠点のない建築が可能なように、文章を書くときも同じだ。

いくら良いコンテンツを持っていても、全体的な内容をうまく構成できなければ、1冊の本にまとめるのは難しい。文章の構造を論理的かつきめ細かく設計することは、大事な下絵になる。

言い換えれば、**目次さえよく読めば、本の主な内容を把握することができ、自分が望む内容がどこにありそうか、具体的に探すことができる**というわけだ。

フランス、パリのルーブル美術館は、しっかり見て回ろうとしたら1週間以上かかるという。では、3時間しかなかったらどう回ればいいか？

地図を活用してどこに何があるか全体を見渡し、その中でも特に自分に関心があるものだけを探し、それらを中心に鑑賞するのが良さそうだ。そうしないと、その3時間を右往左往するばかりで無駄にしてしまうこともありえる。

本の目次も同じだ。美術館の地図を見るのと同じように、本の内容を一目で見てとれるだけでなく、自分が望む内容がどこにあるか探すのに役立つ。

では、『なぜ、あなたの仕事は終わらないのか』を手に取り、目次を見てみよう。目次を読むときは、左ページのように**3色ボールペンを使って優先順位を決める。**こうやって、より重要なものから読む。

目次を活用し、読書の選択と集中を図る

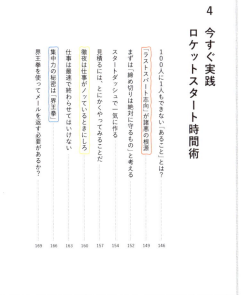

4 今すぐ実践 ロケットスタート時間術

『なぜ、あなたの仕事は終わらないのか』p.18、19

- 赤色：コアクエスチョンに関するヒントがありそうなコンテンツ。すなわち確認必須項目。目次全体の20パーセント前後に収めるようにし、選択と集中を図る
- 黄色：確認必須とまではいかないが、問題解決にあたって好奇心がわいたコンテンツ。必須項目を読んだあとに必要に応じて読む
- 青色：コアクエスチョンとは直接関連がないが、新しい知識が得られそう、あるいは他の問題解決に活用できそうなコンテンツ

エピローグを気楽に読む

最後に、作者が書いたエピローグを、気負わずに読んでみよう。ここには本を書く過程で著者が感じたことや、内容の全体的な振り返りがあり、参考になる。編者、訳者のあとがきも貴重な情報になることがある。本を書く過程の隠された秘話が紹介されていたり、著者のあまり知られていない素顔がわかったりするからだ。

こうしてプロローグ、目次、エピローグを読んでみると、第一印象とは違って、問題解決にあまり役立ちそうにない本だと判明することもある。

コアリーディングを始めた読者なら、序盤にこのような試行錯誤を経験するだろう。

もしこれ以上読んでも役に立たないと判断したら、そこで中断して他の本との出会いを試みよう。

役に立たない本を必死に読み続ける理由はない。時には早々にあきらめることも失敗を防ぐ良い選択だ。

時間とエネルギーの損失を減らし、より意味のある本を読むために時間を使おう。

こうした試行錯誤が土台となって、次第に良い本を選ぶ眼識も育まれるだろう。

コアリーディング ステップ②

核心を読み込む

コアリーディングの3段階プロセスのうち、ステップ②は「核心を読み込む」だ。ここがコアリーディングで最も重要な段階でもある。コアリーディングの全時間の3分の2をこの段階に割く。

ステップ①「核心を探す」では、目次を選別し、重要な部分を示した。

ステップ②では、選別した箇所の本文を集中的に読み込む。目次に赤色で囲んだ核心部分を精読するのだ。

このとき、前もって設定したコアクエスチョンを忘れてはならない。

コアクエスチョンを念頭に置き、絶えずその問いと関連づけながら本を読む。

問題解決の糸口になりそうな部分をチェック

本を読みながら重要な部分に傍線やマーカーを引こう。

「重要な部分」とは、著者が重視する核心ではなく、「あなたの問題解決の糸口」に該当する部分、つまり、あなたにとって重要な箇所だ。

引き続き、中島聡の『なぜ、あなたの仕事は終わらないのか』を参考に詳しく説明しよう。この本には「ロケットスタートをしなければならない本当の理由」が書かれている。私は次の箇所にマーカーを引いた。

ロケットスタート時間術の概要をわかっていただけたところで、ここからは仕事術の背景にある考え方まで踏み込んで、みなさんに深く理解してもらいましょう。

具体的な見積もりの仕方は、「最初の2日で仕事の8割を終わらせる」でした。

これが鉄則です。最初の2日というのは締め切りまでの期間によって適宜変わります。締め切りが10日後の仕事なら2日間、5日後なら1日、3日後なら半日、1日な

ら3時間というように、大体全体の2割程度の期間です。とにかく猛ダッシュのロケットスタートを切ることが重要です。

なぜそんなハードなスタートダッシュを切るのかというと、あなたのラストスパート志向を矯正するには、そのくらいハードなことをしないといけないからです。

――『なぜ、あなたの仕事は終わらないのか』p．158より

もし、どこにマーカーを引けばいいか迷うようなら、著者の主張やその理由、具体的なノウハウを伝えている箇所などに注目してみよう。

「解決に向けたアイデア」を余白に書き出す

コアクエスチョンを念頭に、あなたにとって重要そうな箇所をチェックしたら、そこから一歩進んで、**マーカーを引いた内容をもとに実行可能なアイデアを考え、ページの余白に書こう。**

本を読んでいる最中にふと思い浮かんだ考えはすぐに忘れてしまうので、必ずメモしておく。アイデアが浮かばないときは、重要だと思う箇所の内容を要約し、メモしておくのもいい。

核心を読み取り、実行可能なアイデアを考える際の注意点は次の３つだ。

・まずは小さく始める
・長く考えすぎない
・柔軟に変更・修正する

まずは、小さく始めよう。実行しにくいアイデアを書いても、試しもせず終わる可能性が高いからだ。

次に、考えるのに時間をかけてはいけない。ここでは本を読みながらふいに思い浮かぶアイデアを書き残すことが大事だからだ。

さらに、メモしたアイデアは、状況や必要に応じて変更、修正することを躊躇《ちゅうちょ》してはいけない。柔軟に活用していこう。

問題解決につながるアイデアが浮かんだら、余白にメモしておく

余裕があるときにこそ全力疾走で仕事し、締め切りが近づいたら流す」という働き方です。仕事に対する姿勢を根本的に変えなければならないので簡単な話ではありませんが、確実に効果があることを保証するので、なるべく多くの方におすすめしたいと思っています。

ロケットスタート時間術の概要をわかっていただけたところで、ここからは仕事術の背景にある考え方まで踏み込んで、みなさんに深く理解してもらいましょう。

具体的な見積もりの仕方は、**「最初の2日で仕事の8割を終わらせる」**でした。

これが鉄則です。最初の2日というのは締め切りまでの期間によって適宜変わります。締め切りが10日後の仕事なら2日間、5日後なら1日、3日後なら半日、1日なら3時間というように、大体全体の2割程度の期間です。とにかく猛ダッシュのロケットスタートを切ることが重要です。

なぜそんなハードなスタートダッシュを切るのかというと、**あなたのラストスパート志向を矯正するには、そのくらいハードなことをしないといけないからです。**人生を変えたいのであれば、今後あなたは、徹底的にロケットスタート型に舵を切るべきです。

★難しくて負担になる業務は後回しにしてきたが、
今後は先に取り組む！
毎朝TODOをリスト化し、まず負担の高い業務から
集中して始め、午後からの業務の負担を軽減していく。

『なぜ、あなたの仕事は終わらないのか』p.158

自分だけの目次を作る

本の目次のうち、チェックした項目に目を通し終えたら、**各項目の内容を自分の言葉で整理し、自分だけの見出しを付けてみよう。**

著者が重視する項目で作られているのが目次なので、この段階では、自分の問題解決の観点から整理し直すと良い。

『なぜ、あなたの仕事は終わらないのか』の目次を例に見てみよう。この本の目次には、「どこまでも2：8の法則で仕事をする」という見出しが書かれている。

これを自分の言葉に整理し直すと、「午前の2時間半で、1日のToDoの8割を終わらせる」などとなる。

その他の項目も、このやり方で繰り返し、自分の言葉で見出し付けをする。

こうやって目次を再整理すると、後で自分が整理した目次を見るだけで、そこで大切だと感じた内容やアイデアがすぐ思い浮かぶ。

読んだ箇所の見出しを、自分のための言葉に直す

4 今すぐ実践 ロケットスタート時間術

「最初のんびり、最後に追い込む」をやめる。時間はたっぷりあると思うな！

午前の2時間半で、1日のTODOの8割を終わらせる

ロケットスタート時間術のポイントまとめ

『なぜ、あなたの仕事は終わらないのか』p.18、19

おさらいすると、以下の手順が「核心を読む」の流れだ。

①マーカー・傍線を引く
②アイデアをメモする
③見出しを「自分のための言葉」で表現する

これらを、目次で選別した確認必須項目（赤で囲んだ項目）で繰り返そう。

コアリーディング ステップ③

核心を整理し、実行する

『論語』の冒頭にはこう書いてある。

「学而時習之（学びて時にこれを習う）、不亦説乎（またよろこばしからずや）」

解釈すると、学んだことは、身に付けて実践することで意味を見いだすことができる、という意味だ。

朱熹《しゅき》（朱子）らが編んだ『近思録』にも同じような内容が出てくる。

「非明則動無所之（明に非《あら》ざれば則《すなわ》ち動之《ゆ》く所無く）、非動則明無所用（動に非ざれば則ち明用いる所なし）」

この言葉は、知っていることが明らかでなければ行動できず、行動しなければ知っていることも役に立たないという意味だ。

コアリーディングの第3ステップは、本を読んで見つけた内容を体系的に整理して活用・実行する段階だ。

私たちが本を読むのには、はっきりした目的がある。あなたの目的、つまり解決したい問題の答えの糸口を見つけ、解決するためだ。

それを実行に移すためには、読んだ内容を整理しておかなければならない。自分が本から得た学びやアイデアを、必要なときにすぐに見つけられるようにする。

実行のためにすべき核心の整理法には次の3つがある。

- ふせん整理
- フィードバック整理
- コアアイデア整理

それぞれについて詳しく見ていこう。

核心の整理法①ふせん整理

アイデアを書いたページや重要な箇所にはふせんを貼っておこう。

後で見つけやすいように、そのページの内容を端的に示したキーワードや、主な内容をふせんに書いておく。

読み終えた本でも、時間が経ってしまうと内容を思い出せないことが多い。

そんなときでも、ふせんにキーワードやアイデア、コアワードが書かれていれば、大事なことがすぐに思い出せてとても役に立つ。記録は記憶より強い。

それだけではなく、必要なことがすぐ確かめられるので、時間短縮の魔法も提供してくれる。

ふせん整理は、時間とエネルギーを節約するマスターキーのようなものなのだ。

核心の整理法②フィードバック整理

本を読み始めたときに、解決したい問い、つまりコアクエスチョンがあった。自分が期待していた内容をどれだけ探せたか、**主観で構わないので10点満点で点数を記録し、その理由を書いて分析しよう。**思ったより点数が低かったら、問題解決にあまり役に立たなかったことになる。

客観的な評価をすることは、今後の試行錯誤を減らすのにも役立つので、これは必ずやってみてほしい。

書名：『なぜ、あなたの仕事は終わらないのか』
点数：９点
理由：「８：２の法則」など、コアクエスチョンの解決に役立つ具体的なノウハウが見つかり、今後の具体的なアクションにつながるヒントが多く得られた。

核心の整理法③コアアイデア整理

さらに、**本で見つけたアイデアのうち、最も重要なもの1〜3個**（コアアイデア）**を記録しておこう。**こうしておけば、問題解決のためのアイデアがよりはっきり記憶に残り、自分の問題に適用する際にも役立つ。

また、活用したいときにすぐにアイデアを探せるので、時間とエネルギーの節約にもなる。

第3章で後述する「知識カード」もうまく活用してほしい。

「自分のための本」を探すヒント

自分の問題を解決するために、どの本から読めばいいかわからない人に勧めたいのは、**読書家の人に「ぜひこれだけは」というオススメ10冊を推薦してもらう**という方法だ。

その10冊が、必ずしも自分の状況にうまく一致するかどうかはわからない。

だが、そのうちの3冊だけでも、自分の悩みと問いへのヒントになれば、それが問題解決への呼び水になる。

なお、コアリーディングを実践する際には、複数の本を読むのではなく、少数の本を繰り返し何度も読むというやり方も良い。

これを通じて、核心を探す目が鋭くなる体験ができるだろう。

「玉磨かざれば光なし」と言うように、**たくさん読んでも核心を把握できず、自分の問題と結びつけられなければ何の役にも立たない。**

自分が抱える問題を解決するのに役立ってこそ、その本は初めて大切な宝物になるのだ。

第3章

すべての学びをストックする「知識カード」活用法

「自分だけの答え」を見つけるために必要な力とは？

人工知能が発達すると人間の仕事が奪われるのではないかと心配になる。

だが、依然として人間にしかできないことがある。

それは、人間だけが持つ能力が必要とされることだ。

人工知能が代替できない人間固有の能力のうち、特に注目したいのは、**自ら情報を削除し、再構成する能力「編集力」**だ。これこそ機械と人間を区別する特徴的な能力だ。


編集工学研究所所長の松岡正剛は、「すでに20世紀にすべての要素が出尽くしました。21世紀はその要素を組み合わせることだけが残ったのです」という言葉で、編集力の重要性を語った。

記憶と再生、情報処理能力はコンピューターのほうがはるかに優れている。だが、コンピューターには選択的忘却の能力はない。

人間の脳は、絶えず入ってくる過剰な情報をすべて記憶することはできない。脳の容量には限界があり、情報をふるいにかけて減らさなければならない。

そうやって選んだ情報を短期記憶として保存し、中でも有意義なものだけを残し長期記憶として保存する。こうした選択的削除の能力は人間だけが持つ。

同じコンセプトのテレビ番組でも、どんなプロデューサーが編集するかによって、視聴者の反応はまったく違ったものになる。

出演者のキャラクターをどう設定するか、どんな状況を際立たせて面白くするか、逆に思い切って何をどう削るか、どんな字幕をどのポイントに入れるかなどによって番組のクオリティが変わる。こうした違いをどう作るかが、プロデューサーの腕にかかっている。

『本を読む人だけが手にするもの』の著者、藤原和博もまた、やはり編集力を持つ人こそ真の実力者だと語る。

彼は、編集力を「情報処理力」と「情報編集力」に分けて説明する。

情報処理力とは、少しでも早く「正解」を探し出す力を指す。

一方の情報編集力は、身に付けた知識と技術を組み合わせて、誰もが納得する「答え」を導き出す力だ。

そして、今重要なのは情報編集力のほうだ。

今、私たちは人工知能が率いる第4次産業革命の時代を生きており、この時代には「正解」ではなく「答え」が必要だ。

問題を解決する答えは固定された1つだけでなく、無数にあるかもしれない。

私たちが各々持っている知識と情報を多様なやり方で組み合わせれば、いくつもの多様な代案を提示することができる。

それによって、私たち一人ひとりが、自分ならではの観点で、自分だけの世界観を作り出さなければならない。

「知識カード」で実現する知的資本家への道

では、読書において、情報編集力を高め、自分だけの答えを見つけるにはどうすればいいだろう？

私のオススメは、読書後の記録にバインダーノートを活用する方法だ。

もちろん、一般的なノートに大事な内容や自分の考えを整理することもできるが、後から内容を追加しにくいという欠点がある。

したがって、いつでも内容を追加して挟み込めるバインダーノートが実用的だ。バインダーノートは内容を追加できるのはもちろん、いつでも内容を削除できるので、自分なりの編集が可能だ。

まず次ページのように、読書の記録を1枚の紙にまとめよう。これを「**知識カード**」と呼ぶ。

知識カードには、まず解決したい問題の「**コアクエスチョン**」と「**書名**」「**著者**」を記録する。そして読んだ本の中で、問題解決につながる答えの参考になりそうな情報を「**内容**」に書き留め、最後に「**自分の考え**」をまとめる。

書き終えた後は右上の「**タグ**」欄を利用して、得た知識を分類する。ここには、知識カードに記録した内容を表すキーワードを書く。自分なりの基準で、後で見返したときにわかりやすい単語を書けば良い。タグは、検索に役立つと同時に、今後知識カードが蓄積されていった際のジャンル分類にも活用できる。

コアクエスチョンごとに知識カードを作成し、何枚も積み重なったら、テーマや領域別に分類して自分だけの知識体系を作ろう。

知識カードの作成は、情報編集力を高めることはもちろん、**自分の学びを集めたデータベース**の役割を果たし、何よりも心強い資産になる。

「知識カード」の作成例

2024.9.26

コアクエスチョン

午前中に業務の
50%以上を処理し、
定時退勤するには
どうすればいいか？

タグ

#仕事
#業務効率

書名

なぜ、あなたの仕事は
終わらないのか

著者

中島聡

内容

コアワード → ロケットスタート時間術

・ラストスパート志向が諸悪の根源
・最初の2割の時間で、仕事の8割を終えるべき
・残りの8割の時間は、流しの時間 → 2：8の法則
・スタートの2割で8割の仕事が終わらなければ、
期限を延ばす

自分の考え

・「退勤する18時まで時間がある」という意識を捨て、
「午前9時〜11時」でその日のTODOの
8割を集中して終わらせるようにする。
→ その間は基本的にメールは返信しない！

知識カードの活用は、本にとどまらない

知識カードの活用は読書の記録だけにとどまらない。

解決のための情報源は、本でなくてもいい。映像や会議でも構わない。

次ページの図は、「コアリーディング講座の進め方」について話し合った会議をもとに作成した知識カードだ。

コアクエスチョンは「コアリーディング講座の受講生を100パーセント認定に導くために、コーチとしてすべきことは何か？」とした。

書名欄には「コアリーディング講座の会議」と書く。

会議で出た話で参考になった情報やアイデアを「内容」に書き込む。

そして最終的に「自分の考え」を書く。会議の内容を踏まえて生まれた自分の意見や、そこから派生した疑問、あるいはアイデアなどをメモすれば良い。次のアクションまで一緒に書けるとベストだ。

会議をもとに作成した知識カードの例

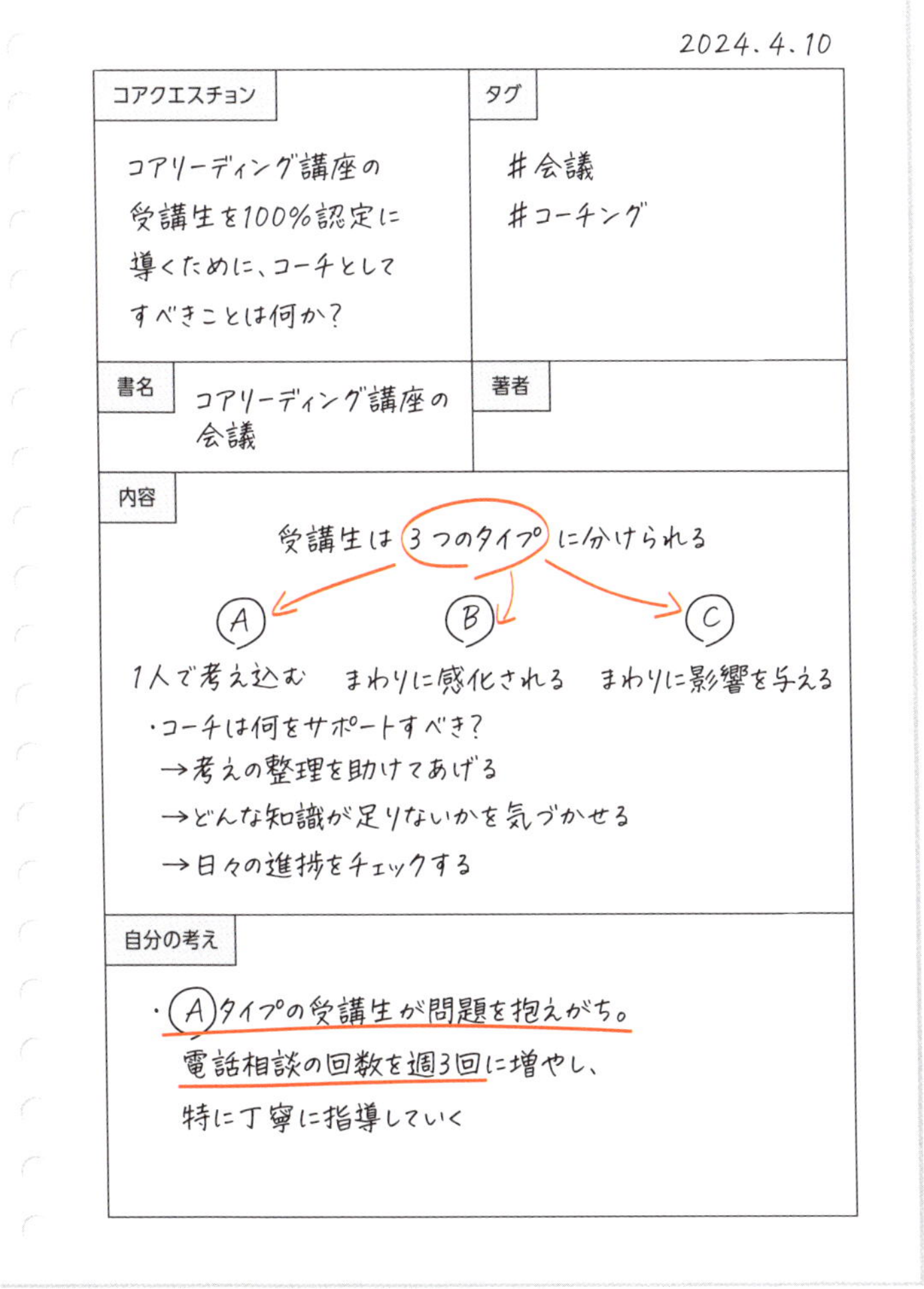
2024.4.10
コアクエスチョン
コアリーディング講座の受講生を100%認定に導くために、コーチとしてすべきことは何か？
タグ
#会議
#コーチング
書名
コアリーディング講座の会議
著者
内容
受講生は3つのタイプに分けられる
A
B
C
1人で考え込む
まわりに感化される
まわりに影響を与える
・コーチは何をサポートすべき？
→考えの整理を助けてあげる
→どんな知識が足りないかを気づかせる
→日々の進捗をチェックする
自分の考え
・Aタイプの受講生が問題を抱えがち。
電話相談の回数を週3回に増やし、
特に丁寧に指導していく

自分だけの「学びのデータベース」を作ろう

このように業務上の会議やセミナー、本や映像など、**知識カードを活用すれば、学んだ内容を忘れず、自分の考えも整理しやすい。**

知識カードが1枚、2枚と積み重なり、10枚、20枚、そして50枚を超えると、テーマ別に分類して冊子を作れるほどになる。

もしあなたが、1日に1～3枚の知識カードを作って集めていくとしよう。すると、1年に300枚、あるいは1000枚を超える知識カードが作られることになる。

これらの知識は、あなたが仕事や学業、その他さまざまな問題に直面したときに役立つ最も優れたデータベースとなる。

問題に直面してからあわてて解決策を探すのは時間がかかる。それに、焦ってまともな解決策も簡単には見つからない。

ところが、蓄積された自分だけの知識データベースがあれば、話は違ってくる。必要なものを取り出すだけで済むので、問題解決の時間は短縮され、仕事や学業のアップグレードもしやすい。

自分だけの知識やノウハウをたくさん持ち、知的資本家の道を歩むことで、人生で何かを成し遂げる準備ができるのだ。

知識カードで生まれる成長のスパイラル

大人たちに、学校の勉強で一番嫌いだった科目は何かと聞くと、数学を挙げる人が多い。

『うちの子が数学嫌いでなかったら』のようなタイトルの本が出るほど、昔も今も数学はなかなか近寄りがたい科目だ。

そんな数学をあきらめた生徒を、中学・高校で上位の学校に進学させる数学教師がいる。「思考力が育つ教室」のパク・ジニ院長だ。

彼女も実は、セルフスタディをする過程で、知識カードを積極的に活用している。知識カードを作るようになってから、彼女は仕事への向き合い方が変わったという。問題解決を図るときは、いつもコアクエスチョンから始めるようになったようだ。

「知識カードを使い始め、まずコアクエスチョンを考える癖がつきました。コアクエスチョンは、解決策を見つける最高のナビゲーションになります。さらに好奇心が脳を刺激し、その刺激のおかげで、問題解決の糸口を見つけることに超集中できました」

こうして彼女は、コアクエスチョンに焦点を合わせ、さまざまな自身の課題について徹底的に考え、本や他の資料を通して解決の糸口を探した。そして糸口から具体的なアクションを導き出し、実践しながら問題を解決した。自分だけの成長システムをセットすることができたのだ。

また、知識カードのおかげで、多様なプロジェクトを成功させることができたという。こうした小さな成功経験の積み重ねも成長の原動力になった。

パク先生が作成した知識カードを、次ページでサンプルとしてお見せしたい。

パク先生は、知識カード作成の魅力をこう述べていた。

「知識カードを作成・整理する過程で、自分でも驚くようなアイデアが出てくることがあるのです」

そのアイデアを実生活で生かし、感動を味わうこともあると言う。

さらに次のように語った。

「**知識カードにより、思考を掘り起こし、観点を深掘りし、問題解決の糸口を引き出し、実行力を高めることができます**。つまり、少しずつ人生に変化を起こし、**昨日より良い人生を過ごせるシステム**ができあがっていくのです。これこそが、主体的な人生を生きていく原動力になっています」

パク先生が作成した知識カードの一例

2022.3.23

コアクエスチョン

自分に自信を持ち、
ずば抜けたプロとして
成長するには?

タグ

#成長
#習慣

書名

「毎日経済新聞」
チェ・イナ書店
代表インタビュー

著者

内容

態度こそ競争力だ!

何が才能に芽を出させ、花開かせるのか→態度

①早くに挫折を経験したことがあるなど、傲慢ではない態度
②すぐに結果が見えなくても、我慢して才能を磨く態度
③一緒に働いた人たちがまた働きたくなるような態度
④その時々の流行には決して揺るがず、自分が望むものに集中する態度
⑤何度失敗しても最後まで自分を信じて尊重する態度

→才能はこういう「態度」があってこそ花開く

自分の考え

傲慢にならず、今すぐ結果が出なくても、
何度失敗しても自分を信じ、相手のニーズに合わせて
心をこめて行動する!

読書時間がない人のための「1Q3R」

私はよくこんな質問を受ける。

「作家のように何十冊、何百冊と本を読む人とは違い、多くの平凡な人は読書量を確保できないのが現実です。少ない読書量で、広い知識の中に貫かれるメッセージを探し、自分だけの知識体系を作る方法はないでしょうか？」

私はそのたびに「読書に時間の投資をせずに、成果だけを得ようだなんて……」と思ったものだ。ただの怠け者の愚痴だと思った。

しかし、その後も同じような質問をする人が少なくなかった。

それで「思ったより多くの人がそんな悩みを抱えているなら解決策が必要だ」と

考えるようになった。

1つのコアクエスチョンを3冊の本で解決する

そこで私は、できる限り1つのコアクエスチョンに対しての読書量を減らすために、「1Q3R」(One Question, Three Reading)を考案した。1つのコアクエスチョンに対し、異なる3冊を読んで実行するコアリーディング法のことだ。

自分が解決しようとする問題とコアクエスチョンを柱として、それを解決するヒントが入っていそうな本を3冊選ぶ。デッドラインを決めて、この3冊を読む。そして、これらの本から問題解決に必要なヒントを探す。

こんなやり方なら、大量の本を読む余裕がない人の悩みも、苦労せずに解決できそうだ。

前にも紹介したように、藤原和博は、『本を読む人だけが手にするもの』で「編集力の時代が来た」と強調した。

この情報編集力の時代に最も必要なのが、まさに1Q3R読書法だ。

1つの問題を解決するために、まったく異なる3冊の本を縦糸と横糸にして編むこと。この方法は、早くブレイクスルーし、思考の飛躍を経験したい人にとって非常に有益である。

それではこれから、1Q3R読書法の具体的なやり方を実際の事例を通して学んでいこう。

1Q3Rのやり方、ポイント

コンサルティング企業に「チーム文化改善」のアイデアを提案した際の1Q3Rを紹介しよう。

まず、次のような問いを立てた。

「成果を出せるチーム文化を作るために大切なものは何か？」

このコアクエスチョンを解決するために書店に行く。

最初に目についた本は、ダニエル・コイルの『THE CULTURE CODE ――カルチャーコード―― 最強チームをつくる方法』だ。

その次に『孫社長のむちゃぶりをすべて解決してきた すごいPDCA』が目に入った。孫正義氏の秘書として活動した著者の経歴に好奇心を抱き選択した。

さらに、家に帰って書斎にある本の中から『朝30分の掃除から儲かる会社に変わる』を選び、３冊の本を取りそろえた。

本1冊当たりの知識カードは3枚準備した。1つのコアクエスチョンに対して、1冊の本から得られる「ヒント」「アイデア」「答え」は必ずしも一つではなく、内容ごとに何枚もの知識カードを作れる。ただし、最初は手に余るかもしれないので、1冊当たり1枚や2枚で実践するといいだろう。

今回は3冊なので、知識カード9枚を用意し、それぞれの知識カードにコアクエスチョン「成果を出せるチーム文化を作るために大切なものは何か？」と書き込む。

その後、本ごとに、重要だと思った内容の要点や、答えの手がかりになりそうなヒントやアイデアを書く。

30分間、本をコアリーディングし、残りの30分間で知識カードを作る。そして10分休憩。これをさらに2回、あとの2冊も同様に繰り返せば9枚の知識カードが出来上がる。

9枚の知識カードが出来上がったら、最後の仕上げとして1枚の知識カードにまとめる。

3冊から得たヒントやアイデアをもとに、「成果を出せるチーム文化を作るために大切なこと」のポイントをまとめ、解決案の土台にする。

なお、知識カードを作る際は、3冊が必ずしも本である必要はない。本の代わりにYouTubeのコンテンツを活用しても良いし、本2冊と映像1本、または映像3本を見ながら知識カードを作るのも良いだろう。

重要なのはコアクエスチョンを解決するために必要なコンテンツをうまく選んで知識カードを作ることであって、本か映像かは関係ない。

１Ｑ３Ｒで創造力を高める

ソウル大学工学部26人の教授たちによる、韓国産業の未来のための提言をまとめた本、『蓄積の時間』〔未邦訳〕を見てみよう。

この中に、「創造的蓄積の不在」というテーマで韓国産業の問題点を指摘した部分がある。

26人の教授たちは、韓国産業が直面している最も深刻な問題は、概念設計力の不在だと指摘した。概念設計力とは、つまり、「問題を新たに定義し直し、独創的な解決策を提示する力量」、つまり「創造力」ともいえる。

私たちにこのような力量が足りない理由は何だろう？

幼い頃から、決まった答えを素早く探すだけの教育を受けてきたからだ。

次々にわき起こる問いを通じて多様な仮説を立て、開かれた思考により、さまざまな可能性を検討する思考訓練ができていないのだ。

そして、１Ｑ３Ｒは概念設計力を育てる非常に有用なツールでもある。

知識カードを使い、1つの疑問を解決するために多様な情報源を探る過程で、文《ムン》心《シム》慧《ヘ》竇《ドゥ》［韓国の四字熟語］を経験することになる。

文心とは「文字の中に宿る意味と精神」、慧竇とは「知恵の穴」、つまり「文の中に刻まれた意味をよく区別して知れば、知恵の門が開かれる」という意味だ。

1Q3Rによる知識カード作成は、私たちの凝り固まった脳を刺激し、創造の血が循環し始めるのを助けてくれる効果もあるのだ。

知識カードをつくればつくるほど、卓越した創造力が身に付くことだろう。

コアリーディングの成功事例①

「問い」を持つ人の人生はうまくいく

「私は、昇進をきっかけにセールス業務を担当するようになりました。
それからは、多くの顧客に会い、目標達成のために精一杯がんばりました。
でも、まともな準備もできず、うまくいかないことだらけでした」

これは、銀行でプライベートバンカー〔富裕層向けに資産管理や運用を提案する銀行員〕として働いていたイ・ジミン氏（45歳）の話だ。

昇進とともに、彼女が前任者から受け取ったのは顧客名簿だけだった。上司の支店長からはろくなコーチングも受けられず、常に厳しい叱責にさいなまれた。

多少なりとも勉強をし、研修も受けたが、セールス業務の向上には何の役にも立たなかった。

それもそのはず、彼女は「自分が何を知らないのか」がわからず、「何が足りないのか」も具体的にはつかめていなかったからだ。


実績を一向に改善できず、もどかしい日々が続く中、ジミン氏は行きつけのカフェの店主に紹介され、読書会に参加することになった。

当時、彼女には、目的達成のための専門知識の習得、そしてセールスパーソンとしてのマインド整備が切実に必要だった。

そして読書会で私と出会い、直面している業務上の困難を解決する突破口を、コアリーディング講座を通じて見つけることになった。

コアリーディングの基本は、現在自分が置かれている状況を見つめ、そこにどんな問題があるかを考え、「解決すべき問い」を設定することから始まる。

今、自分が直面している問題点は何かを自らに問うのだ。

それが正確にわかった後は、問題解決に役立つ本を選び、自分の問いに結びつけていく。

コアリーディング講座の上級課程まで終えたジミン氏は、ぼんやりとしか理解していなかった知識を、自分の業務に結びつけ、具体的に実行できる力にまで高めた。

そんなとき、彼女が勤務していた銀行支店の撤退が発表された。

しかし彼女は挫折しなかった。

挫折どころか、今度は「今後、私には何ができるだろうか？」と自身に問い始めたのだ。

そして、その問いを解決するために、銀行や他の金融機関を退職した先輩、現場で働く先輩たちを訪ね歩き、助言を求めた。

その過程で、現在の会社の社長から一緒に働こうと提案を受けることになった。結局、その投資顧問会社に転職し、顧客管理とセールス業務を担当することになった。

彼女は、コアリーディングを始めて問題解決のプロセス自体が変わったという。

「コアリーディングをする前は、問題が起きると、ネガティブな気持ちと心配が先に立ちました。

でも、コアリーディングをするようになってからは状況が一変しました。問いを通じて問題の本質が何かを把握できるのです。問題の根っこをつかんだら、次は物事を解決するためにどんな計画を立てて実行していくべきか、やはり問いを通じて探していきます。これにより実行力も身に付きました」

コアリーディングのポイントは、「的確な問いの設定」と「知識の連結」にある。

良い問いは、現在自分が置かれている状況を直視することから生まれる。自分が抱える問題や、取り組んでいることの目的を深く問い詰めれば、問いはより具体的で明確になる。

その後は、問いに対する答えを探すために、数冊の本を読み、そこで把握した知識を連結する編集力を発揮しなければならない。

この過程を通じて、ジミン氏は自身を成長させることができた。

また、困難に直面したときの悩みの重さがはるかに軽くなったという。

第4章

コアリーディングで「金持ちの脳」を盗め

金持ちの「リッチコア」を読み解け

これまで学んできたコアリーディング、核心を読む技術を、ここからは実生活で活用する練習をしていこう。

特に経済状況の把握や投資において、コアリーディングを実践するかどうかで、その成果に天地の差がつく。

私たちがどんなに金持ちを夢見ても、富は決して公平には与えられない。

富を得るにも守るにも、独自の視点を持たなければ難しい。

では、どうすれば大切な自分の資産を守り、増やすことができるのだろう？

それは、**金持ちが実践しているノウハウの核心「リッチコア」**を読み取れるかどうかにかかっている。

何度か見舞われた経済危機の中でも、新興富裕層は絶えず誕生した。彼らはまるで武勇伝に登場する、才能あふれる勇者のごとく現れる。

だが、彼らのリッチコアは決して特別なものではない。むしろ基本に忠実だ。

彼らは、「金持ちの基本」とでも言える核心を忠実に実行するなかで、資産がもたらす複利効果を経験し、自分ならではの投資哲学を一つひとつ確立していった。

本章では、こうした金持ちの持つ核心「リッチコア」とはどんなものかを紹介する。そのうえで、金持ちへの道に進むために、どんな準備が必要かを詳しく確認していこう。

金持ちになれない原因は「あなた自身」

リッチコアは、あなたを支配する「心の三層構造」を理解することから始まる。

人間の心は、無意識、前意識、意識という三層構造に分けられる。

さらに、無意識と前意識の中には、自我、エス（イド）、超自我の3領域があり、それぞれ異なる役割を果たす。

「自我」は内面の中心であり管理者だ。

「エス（イド）」は、本能的で衝動的な領域である。

「超自我」は心の内部を外の世界と調和させる役割を担う。

私たちが金持ちになれない理由は、無意識の中に、財産を築くことへのネガティブな考えが染みついていることにある。

この考えが、富に対する未熟な防衛機制として作用する。

防衛機制とは、自我が脅かされる状況に直面すると、無意識のうちに自分をごまかしたり、状況を自分の都合のいいように解釈したりすることだ。つまり、心が傷を負わないように、自分を守ろうとする精神的機能のことである。

防衛機制のひとつに「投影」がある。これは、認めたくない考えや欲望、罪悪感や劣等感などを、他人や外部環境に転嫁する心の働きだ。つまり、自分が受け入れ

心の三層構造

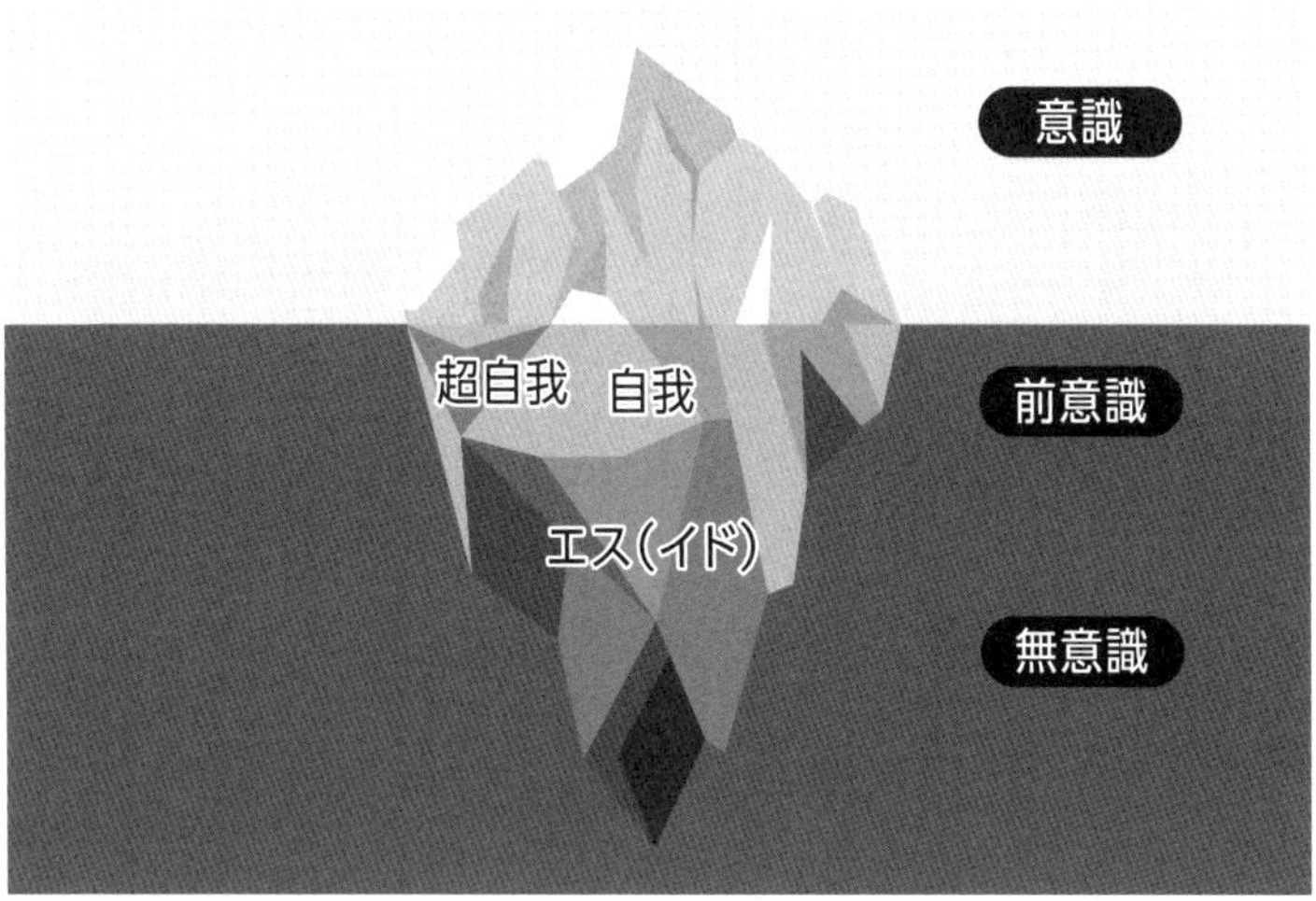

がたい考えや衝動を、無意識に他人のせいにして自分を守ろうとする自己防衛機能である。

もう一つ、「知性化」という防衛機制もある。自分が抱える問題を「知識」によって納得させ、耐え難い現実や記憶から逃避することだ。

たとえば、「私が合コンでうまくいかなかったのは、誤ったルッキズムが横行しているからだ」とか「ブランドの服を着て行けば、振られることなどなかったのだ」と豪語するのがその例だ。

このような未熟な防衛機制にとらわれ、不安を軽減しようとすると、かえって社会的関係にも亀裂が生じる。

さらに、自分自身をごまかしている気持ちにもなる。問題は解決されないまま似たような状況が絶えず繰り返され、挙げ句の果てには、大きな苦難に直面しても対処できない状態に陥る。

したがって、自分には、主にどんな防衛機制が現れるかを自覚し、心の調節をはかりながら、ネガティブな要素を減らしていく訓練が必要だ。

金持ちになりたいと思うなら、**自分の中にある「富へのネガティブな認識」を把握する**ことから始めよう。

これさえきちんとわかっていれば、失敗を繰り返さずに済む。それが無意識と前意識を目覚めさせ、まったく新しい自我を創造する近道だ。

思考パターンを「貧乏」から「金持ち」に変える方法

私たちは、誰もが悲しい音楽を聴けば悲しくなり、軽快なダンスミュージックを聴けばテンションが上がる。

このように五感で受け入れる外部の刺激によって、私たちの感情と考えは変わるが、お金に対するマインドも同じだ。

金持ちのリッチコアを読み、財を成すことへの意識を変えられれば、今後３〜５年後には、あなたの資産に大きな変化が訪れるだろう。

金持ちになれるマインドは、自然に形成される面もあるが、たいていは具体的な努力によって培われる。自己啓発書や投資書を読むとか、YouTubeで成功体験談や戦略を見るのも、金持ちマインドを育てるのに役立つ。

自分の家族がどんな財産観を持っているか確かめることも重要だ。両親と祖父母がどのように生きてきて、どのように財産を築いたのか、そのストーリーを知ることで、現在の自分のマインドを知ることができる。

両親が財産についてどんな考えを持っていたかは、今自分の中にある無意識に大きな影響を及ぼしたに違いない。

「不動産は投機であり、決して手を出してはいけない」

両親がこういう考え方だと、不動産投資などするはずもなく、子どもにもそれを勧めることもない。

子どもは、自分がどう思おうと、20代、30代になるまでは、両親の財産観に影響を受けるものだ。「分相応に過ごしなさい」「だめなものはだめ」など、人生を枠にはめるような発言は、見えない縄で子どもをしばりつけるようなものだ。

こうして長い間、親や周囲の影響で形成された無意識と前意識の固定観念を断ち切るのは思ったより容易ではない。

だからこそ、毎日一定の時間を割いて、この呪縛から解放された人々の経験談に触れて、自分にフィードバックする訓練が必要なのだ。

「彼らも10年前は私と同じだった。だったら、私だって今のネガティブな無意識と前意識を変えられるし、いくらでも変わっていける。私も金持ちになれる」

そう自身にフィードバックし、思考パターンを変えなければならない。

金持ちはやっている仮説思考

世界的な金利引き上げで、今後の経済見通しについては何種類もの展望が示されている。

確かに一寸先も見通せないばかりか、展望自体に誤りが含まれているのも常で、それに振り回されて悩む人も少なくない。

そこで必要なのが**「仮説思考」**だ。未来を予測するのが難しく、不透明であればあるほど、生き残るためには仮説思考をしなければならない。

「仮説」とは、個別の事案であれ、物事の関係であれ、まだ証明されていない見方や考え方のことだ。

たとえ確かだと証明されていなくても、仮説を立てれば物事の全体像を見渡すことができ、前後の脈絡と事情が見えてくる。

すると、悩むことに費やす時間は短縮され、決断もしやすくなる。まず試してみようと考え、仮説に基づいて修正を重ねながら少しずつ良い結果を導き出していくこともできる。

このプロセスで、予見能力や決断力が確固としたものになっていく。

金持ちは財産について仮説思考をする

「考えられる限りの手をすべて探すときりがない。候補の手を2〜3に絞り、直感的に大丈夫だと思えるところに次の駒をおく」

日本将棋界で類《たぐ》いまれな実績を誇る羽生善治の言葉だ。

彼は1989年、19歳で初タイトル「竜王位」を獲得した。その後、30年以上にわたり7割を超える勝率を誇った彼は、仮説思考の重要性を自ら証明した。

羽生は「直感の70パーセントが的中する」と語る。

彼が言う直感は、それまで蓄積されてきた経験から「こういう場合にはこう対応すると良い」という無意識の流れから浮かぶものだ。

羽生は、情報が増えたからといって正しい判断ができるわけではないと言う。考えなければならない材料が増えれば、むしろ悩みが深まるだけで、恐怖心から躊躇し、機会を逃す恐れがあるからだ。

これは将棋だけに当てはまる話ではない。**ある特定の課題を解決し、最も合理的な結論に最大限早く到達するには仮説思考が欠かせない。**

その際、結論に達するまで、仮説設定と仮説修正を数回繰り返すことになる。

どう解決し対処していくべきか見当がつかないときは、仮説の設定と修正を重ねながら課題の範囲を徐々に狭めていくと良い。この過程で、自分だけの直感が育まれる。

『富の追い越し車線』［未邦訳］という本でも、仮説思考の重要性が言及されている。

金持ちは、決定的な瞬間をとらえ、追い越し車線を走って他の人よりはるかに先を行く。それができるのは、仮説思考をするからだ。

素早く合理的な結論を導くための
「仮説設定・修正のスパイラル」

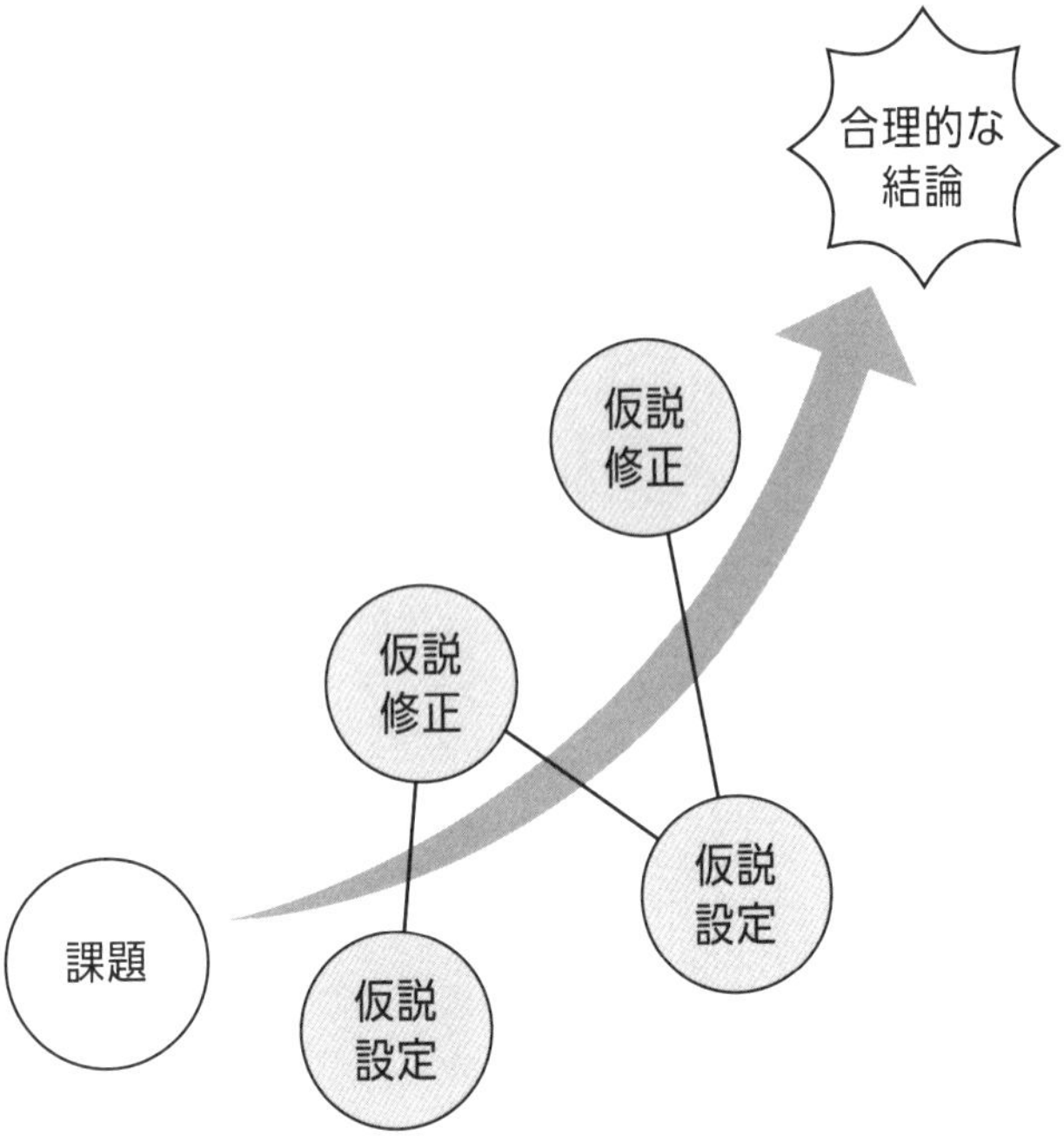

逆に、**貧乏な人々は仮説思考をしない。**先々を見据えて、目標を立て、それに近づくために、具体的な仮説を立てて実践し、修正を繰り返すという創造的活動をしないということだ。

その代わり、「時間がない」「元手を作るには月給が安すぎる」「借金があるから投資はできない」などの言い訳ばかりを探す。

金持ちになるためのマインドセット

親からの遺産があるわけでもないのに、金持ちになった人たちには、どんな能力があるのだろう？

状況は同じでも、金持ちになった人とそうでない人にはどんな違いがあるのだろうか？

その答えは、「富に対する感情」にある。**富に対してネガティブな感情を持ってしまうと、金持ちには絶対なれない。**

金持ちがなぜ走行車線ではなく追い越し車線を走って他人より早く目標地点に到達するのか知りたければ、富へのネガティブな感情をポジティブなものにする必要がある。そこで初めて、金持ちに向かうための仮説思考ができるようになる。

そこでまず、自分が考える「金持ちに対するネガティブな考え」を言葉にして表してみよう。

否定的な考えをきちんと確認してこそ、そこから脱皮することも可能だ。

あなたが金持ちに対して持っているネガティブな考えを5つ書き出してみよう。

1

2

3

4

5

文章に表してみると、漠然とした思いが明確になり、無意識のうちにネガティブな考えがセットされていたことに気づくだろう。

この事実をはっきり認識できた瞬間に、変化の可能性が訪れる。

まず否定的な考えのうち2つを選んで、その考えを客観視してみよう。

客観的に評価し直す過程を通して、ネガティブな考えをポジティブなものに転換させなければならない。

こうやって、富に対するネガティブな考えをポジティブに変えることが、資産がマイナスからプラスに転じるスタートとなる。いよいよ未来のための仮説思考ができるようになり、自分だけの富を生み出す種まきを始められる。シードマネーをつくる決断をし、金持ちからリッチコアを学びながら、仮説思考をくり返して投資を実践しよう。

次の項目からは、私のロールモデルとなった金持ちのリッチコアについても紹介していく。

貧す人はお金の「心配」をする。金持ちはお金のことを「考える」

私のロールモデルは、〝株式農夫〟の異名を持つパク・ヨンオク氏だ。

彼は、1998年に9000万ウォン〔約900万円〕で株式投資を始め、今や2000億ウォン台〔200億円台〕の資産家になり、約20社の大株主になった。

多くの逆境を経験しながらも、彼が絶え間なく投資できたのも、仮説思考ができたからだ。数多くの試行錯誤の中でコアリーディングをやり続け、ぶれない本質的な投資哲学を持つようになったのだ。

自分ならではの物差しで選んだ種を土地にまいて収穫を待つ農夫、パク・ヨンオク氏の投資哲学は、長い年月、投資で生き残った人々の共通点であり核心戦略でもある。

ここからは、彼の人生と投資についてじっくり語っていきたい。自分の価値観を守りながら、財産を築いた人をロールモデルにすることは、成功に向けて新たな一歩を踏み出したのと同じことになる。

お金の「心配」をするのはもうやめよう

パク・ヨンオク氏の幼い頃は、「貧乏」という単語でしか表せない。電気も届かない田舎町に住んでいた彼は、7歳で父親を亡くした。彼は背負子《しょいこ》を背負って3キロもの距離を歩いて薪《まき》を売り、夏休みには鉱山でアルバイトをした。

6年生のときの担任の先生が中学校の学費を払ってくれなかったら、彼の最終学歴は小学校卒になるところだった。

中学卒業後は、約3年間、繊維加工工場で働き、市外のバスターミナルで新聞も売った。工場で仕事ばかりして民防衛訓練［韓国では北朝鮮の空襲などを想定した避難訓練が行われる」にも行けず、住民登録が抹消されたこともあるという。

これらのエピソードだけでも、当時の彼がどれほど大変だったか見当がつくだろう。

パク氏が、こうした苦難の日々からようやく抜け出せたのは、放送通信高校を卒業して大学に入学した後のことだった。

しかし1997年、証券会社に勤めていた彼にIMF通貨危機と株価暴落が襲った。

当時の苦境は、彼が自ら招いたものだった。自分を信じて投資してくれた顧客の損失を補填するため、母親と一緒に暮らしていた家まで売ったからだ。

しかし、彼はそのままへたり込まなかった。サラリーマン生活をしながら、株式投資を着実に続け、ほとんどゼロから少しずつ資産を増やしていった。

そして、彼に再びチャンスが訪れた。2001年の9・11テロが起きた頃、彼は会社を辞めて専業投資家として独り立ちした。短期間のうちに暴落した株を買い取り、1年も経たないうちに大きな利益を上げた。

その後、およそ15年経ち、米国の長者番付、フォーブス400に名を連ねるまでになった。

彼は連載コラムにて、次のような言葉を残している。


もし私がＩＭＦ通貨危機以後、そのまま落ち込んでいたらどうだったかを考えることがある。

安アパートを転々とし、投資の失敗を繰り返し、相変わらず幼い頃の貧しさを引きずってじたばたしていたとしたら？

幼い頃の苦労が、私の人生にかけられた呪いの始まりのように思えただろう。

「私はどうして金持ちの息子に生まれなかったのか？」と、見当違いの恨みを抱いて生きていたかもしれない。


もし彼が自分の人生を嘆き、くよくよとお金の心配ばかりしていたら、決して今のような資産家にはなれなかっただろう。

今この本を読んでくれている読者はみんな金持ちだろうか？　多くの人は金持ちになりたい願望を抱きながら、金持ちになるにはどうすればいいか、そのヒントを得ようとして読んでいるはずだ。

それなら今この瞬間から、お金のことを心配するのはやめよう。金持ちは、金持ちになる前からお金の心配はしない。

「貧乏な人はお金の『心配』をし、金持ちはお金のことを『考える』」

パク・ヨンオク氏が言ったこの言葉は、彼がお金とどう向き合っているかを端的に示している。

彼が言うように、お金のことを考えないと一生お金の心配から抜け出せない。お金のことを考えてこそ、投資に使うシードマネーと時間も作り出すことができる。

夏休みを費やして貯めたお金をたかが小銭と思う人は、お金の心配ばかりする人だ。しかし、そうやって貯めたお金をシードマネーと思って投資を始める人は、お金のことを考える人だ。

彼は、**少額のお金にも「種」という単語を付けただけで価値が変わる**と言った。稲の種一粒を植えて実を収穫し、それを再びまくことを繰り返せば、数年も経たないうちに蔵を埋める穀物に増えるからだ。
彼はこの種に、時間と努力という栄養分を投資して奇跡を作り出した。

「投資で成功する人」の本の読み方とは？

株式であれ不動産であれ、投資をしている人には、それぞれ自分だけのメンターがいる。

メンターの人生と投資哲学から、**その人だけの「核心」は何なのかキーワードを探し出し、自分の投資人生に適用し、貫くことが重要だ。**

そのためには、内容を追うだけの読書を卒業し、コアリーディングを実践しなければならない。

いくら立派なメンターがいても、その人から自分の超自我とエス（イド）を変えられるほどの核心的価値を読み取れなければ人生は変わらない。

私は、パク・ヨンオク氏の本を読み、核心となる本はさらに10回も精読した。これらの本から一貫して繰り返されるメッセージを見つけ出し、自分だけの「リッチコア」を整理した後、絶えず自分自身に問いかけた。

こうしたコアリーディングは、「知識」を「実践」に導く原動力であり、揺るがない自分だけの投資術を作る方法だ。

少なくとも原論的な本を5、6冊読めば、どんな企業が良い企業なのか評価できる能力が生まれる。

パク・ヨンオク氏は自身の本『株式は農夫のように投資せよ』[未邦訳]で、読書を通して投資の機会と原則を見つけられると言い、その方法を紹介している。特定の企業に投資をする前に、資本市場と株式市場がどう動いているか、その基本原理を確実に理解してこそ、悔いのない投資ができるというのだ。

市場を読む自分だけの視点、企業の現在価値と未来価値を判断できる識見を備えもせずに、他人の推薦に頼っているだけでは、資産を増やすことなどままならないということだ。

私がこの本で特に注目したのは、**「読書をする時も受動的ではいけない」**という一言だ。

単に字面を追うだけの「内容を追う読書」にとどまっていては、一次元的な読書に過ぎない。しかし、「考えるための読書」、さらに「行動のための読書」まで進み、より深く広がりのある読書をすれば、著者の知恵と投資哲学を自分の人生の道しるべにすることができる。

彼も、核心を見抜き、断片化した知識を彼独自の観点で編集し直すコアリーディングに成功したからこそ、今日の名声と富を得ることができた。彼は『株式は農夫のように投資せよ』で次のように述べている。

> 毎日メディアから吐き出される情報は知識のかけらに過ぎない。断片的な情報は富を生み出すことができない。この断片を射抜く洞察力があってこそ、素敵な知識のネックレスを作ることができる。

多くの人は次のような悩みに陥っていることだろう。

「投資情報ならあちこちにあふれるほどたくさんあるのに、どうして私はお金を稼げないのか？」

情報がいくらたくさんあっても、そのつながりがわからなければ知識にはならない。知識も自分なりの観点でつなげてこそ、「素敵なネックレス」となるのだ。

金持ちの脳を盗む「投資コアリーディング」

「株式投資をする時間なんてどうつくればいいのですか？」

「なぜ私が買った株だけ値上がりしないのですか？」

「株で退職金をすべて失った人がたくさんいるのでは？」

「シードマネーをどれくらい用意すれば投資を始められますか？　そんなにお金はありません」


これらは金持ちになれなかった人たちから寄せられる質問だ。

いや、質問の形は取っているが、正確には質問ではなく、投資をしない「言い訳」に近い。

しかし、もはや言い訳を言っている場合ではない。働けなくなる前に資産管理を始めなければならないからだ。あなたが引退を迎えたとき、息子や娘たちが自分より熱心に稼ぐという保証も、老後の面倒を見てくれるはずもないのだから。

ところが、老後のために最も重要な投資手段である株式投資を「危ないし儲からない」と強調する人もいる。「韓国では、株式を保有している人の98パーセントが破産する」というとんでもない話を耳にしたこともある。

これは、ごく少数の金持ちが富のインナーサークルを作ろうとする意図から言われるようになった言説だ。

こういう言葉だけを信じて、特別金利の銀行預金ばかりに目を奪われている人は、富の追い越し車線には決して乗れない。

パク・ヨンオクの投資十戒

今からでも遅くはない。投資へのネガティブな考えを捨て、積極的に金持ちマインドを読み取って自分のものにしていこう。

実際に、パク・ヨンオク氏の人生と投資哲学をコアリーディングで読み取って、人生を逆転させた人は数え切れないほどいる。

10年前に私の講義を聴いて50万ウォン［約5万円］で投資を始めシードマネーが３０００万ウォン［約３００万円］に増えた人や、20～30億ウォン［2～3億円］の資産家になった人までいて、成功事例は多様だ。中には、株主総会でパク氏に３回も会ったという人もいる。

もちろん私もその一人だ。パク氏の人生と投資哲学を深く読み込みながら、彼のような投資家になりたいと思っている。

さらに私も、彼のように周囲に良い影響を与え、みんなで一緒に金持ちになれるように取り組んでいるところだ。私の授業を聞き、私の本を読んだ読者が金持ちになって、いつの日か一堂に会することができればうれしい。少数の金持ちばかりに富が集中するのではなく、より多くの人が金持ちのマインドで賢明な投資を続け、できるだけ多くの人に金持ちになってほしい。これほど幸せなことはない。

そのためには、パク・ヨンオク氏の「投資十戒」を肝に銘じよう。もし、周りの言葉に惑わされ、考えがまとまらず、心が揺れることがあったら、再確認することをおすすめしたい。

▼パク・ヨンオク氏の「投資十戒」

1. 投資家の視点を持て
2. 付和雷同するな［自分の意見を持ち、他人の意見に流されるな］
3. わかる範囲で投資せよ
4. 投資の対象は企業だ
5. 株主は企業のオーナーだ
6. 投資した企業と共に歩み、コミュニケーションを図れ
7. 企業の成長サイクルに投資せよ
8. 株式投資は農業だ。狩りではない
9. 投資機会は常にある。焦るな
10. 正しい心で大きく考えよ

パク・ヨンオク氏のように、仮説思考をしながら超自我とエス（イド）を完全に変え、技術ではなく、胆力を備えられれば、私たちも時価総額数十億ウォンの価値を持つ企業の、５パーセント以上の持分を持つ株主になれる。

投資のコアリーディングで核心を読み、本質的な思考をしていけば、それが決して妄想ではないと気づくだろう。

金持ちの核心を実行する

パク・ヨンオク氏の投資の核心がわかったら、彼の投資方法論の中で自分に合ったものを見つけ、実行に移そう。

何もかもまねする必要はない。現在、自分が置かれている状況に合わせて実行すればいい。株式投資でもいいし、不動産に関心があればよく勉強して投資するのも良い。

他の投資アイテムに惹かれるなら、それでもかまわない。成功する投資の根本原理はすべて同じだ。核心を読んだら、自分に合わせて応用し実践することだ。

私は、彼の投資十戒のうち「**わかる範囲で投資せよ**」を実行している。

わかる範囲で投資するとはどういう意味か？

それはたとえば、自分が直接経験したことに関係のある範囲で株式投資をすれば、各種報告書や企業分析資料を読む時も洞察力を発揮できるということだ。

もちろん、見たことのない分野の業種や企業を研究して投資することもできるが、自分に経験と知識がある関連分野に踏み込んで投資するのは良い方法だ。

私はかつて眼鏡士として働いたことがある。そのときの経験と知識を生かして、関連産業を調べた結果「インターロジョ」という見覚えのある企業が目に入った。

インターロジョは、コンタクトレンズの製造、販売をする韓国の企業で、2010年12月に上場した。コンタクトレンズのデザインと金型製作および技術面では、すでに世界的なレベルに達している。最近では、美容コンタクトレンズ市場が急激に拡大しており、それに伴い企業の売上も持続的に増加する傾向を見せている。

同種の業界で働いていた私は、若者たちの美容レンズブームを誰よりもよく知っていた。海外への輸出も増加するだろうという確かなデータもあった。

つまりこの分野の投資では一般投資家より多少なりとも有利なポジションにいたのだ。だから、投資の決断も容易だった。

結局、この企業の株価は2010年の3100ウォン〔約310円〕から2016年には4万3000ウォン〔約4300円〕まで高騰し、私の投資は成功裏に終わった。

自分がよく知っている分野に投資し、銀行利子とは比べものにならない大きな投資収益を得ることは、誰にでもできる。自分に関連する分野であれば、必ず投資機会を見つけることができる。

これは必ずしも自分が直接経験した分野でなくてもかまわない。知人や家族に、自身の詳しい分野の動向を聞き、関心を持った企業とその業績を分析することでも投資勝率を自然に上げることができる。

卓越した投資家の核心を読み解き、富を手に入れる

本章では、私がコアリーディングによって成果をあげることができた、パク・ヨ

ンオク氏を例に挙げて詳しく述べてきた。

しかし、ロールモデルは必ずしも彼だけではない。誰にも、自分にインスピレーションを与えてくれる投資家や成功した資産家がいるはずだ。

自分にインスピレーションを与えてくれる人がいるなら、その人の成功ストーリーと投資原則をコアリーディングしながら自分に適用してみよう。

大投資家たちの投資法もそれほど変わらない。ピーター・リンチやウォーレン・バフェットのような大家たちの投資戦略とノウハウが時代を超えて通用するのは、投資の本質と核心は変わらないからだ。

彼らは、投資対象の会社を正確に把握しようと努力し、企業価値と比べ株式が低評価されている事実をしっかり確認できるまで徹底して調査する。このプロセス自体がすでに投資行為なので、付和雷同せずに自分の信念通り投資を継続することができる。

卓越した投資家の人生と投資哲学をきちんと読み込んで実行に移すコアリーディングをすれば、誰でも富の〝打ち出の小づち〟を作ることができる。金持ちになるということは、決して他人事ではない。

コアリーディングの成功事例②

借金まみれの事業を再生

2019年11月、済州島《チェジュ》にある室内ローラースケート場を買収したキム・ヨンヘ氏(50歳)。最初の2カ月は売上が好調だった。

このまま行けば、安定した投資収益を得られると安心したのもつかの間、2020年1月末以来、新型コロナのパンデミックによりローラースケート場からは人の姿が消えてしまった。

賃貸料と管理費を延滞しながら1年余りの時間を過ごしたが、もうこれ以上持ちこたえる力は残っていなかった。巨額の投資をして収益を上げるどころか、借金までし、まさに絶望のどん底に陥ってしまったのだ。

さらに弱り目にたたり目で、夫との溝も深まり、争いも絶えなくなった。到底これ以上は耐えられないと思っていたとき、ヨンへ氏はコアリーディングセミナーを知った。

「本なんて年に3、4冊程度しか買わず、それさえまともに読まないような私に、この授業が向いているのか？　今の私の役に立つのか？　そうやってしばらく迷いました。でも、どんどん無気力になって、人生が止まってしまった状況に耐えられなかったのです。藁《わら》にもすがる思いで、コアリーディングセミナーに参加しました」

ここでコアリーディングに接したヨンへ氏は、「最初は確信がなかったが、次第に状況が変わっていった」と語る。

まず、事業を立て直すための糸口を見つけるために、コアリーディングの基本を学んでいった。

最初に問いを投げかけ、その問いに対する答えを見つけられそうな本を選んで精読した。その過程で読み取った最も重要な核心だけを編集し、その方法を事業にそのまま適用し始めた。

コアリーディングの効果を確認するのに、それほど時間はかからなかった。徐々に事業の赤字規模が縮小し始め、1年後には5000万ウォン［約500万円］の借金を返済し終えた。

ここで何より重要なことは、ヨンヘ氏が否定的な状況に置かれたのに、そこにとどまらず、あきらめてしまわなかったという点だ。ポジティブなマインドに切り替え、新しい道を探そうとした。

ヨンヘ氏はコアリーディングによって事業を再生することができた。

しかし、それよりもっと大事なものを得た。

それは、もうこれからは不確実な未来を心配することはないし、恐怖と不安に震えることはないということだ。

それに、たとえどんなことが起きようとも、ベストを尽くして対処できるという自信と、たくましい心を持つことができた。

第5章

「3つのほら穴」をつくり、10年先の安定を手に入れる

人生巧者は必ず持っている「3つのほら穴」

最近のニュースには連日、景気低迷やインフレ、終わる兆しが見えないウクライナ＝ロシア戦争などがあふれ、憂鬱で不安な気持ちにさせられる。特に金利引き上げは、平凡な会社員の生活にも暗い影を落としている。

一寸先も見通せないほど変化が早く、しかも、危機の周期が短くなっている時代に、私たちに必要なものは何だろうか？

それは10年先を見通す目だ。そういう目を持ってこそ、危機が訪れたときに、誰よりも早くチャンスを見いだせる。

マサチューセッツ工科大学のビナ・ヴェンカタラマン教授は、その著書『The

『Optimist's Telescope』の中で、フォーサイト［先見の明、洞察力、展望］を活用して、未来を予測し、計画し、備えることの重要性を説いた。未来を正確に見抜き、それを通じて徹底的に準備するのだ。

その具体的方法論として、私が提案するのは**「狡兎三窟《こうとさんくつ》」戦略**だ。

賢いウサギは「3つのほら穴」を用意する

「狡兎三窟」とは、賢いウサギは身を守るためにほら穴を３つ用意しておくという意味だ。『史記』の「孟嘗君《もうしょうくん》列伝」に出てくる逸話に由来する四字熟語である。

この言葉は、予測不可能な未来に備えるための知恵を与えてくれる。

中国戦国時代の斉の宰相・孟嘗君は、３０００人もの食客を抱えるほど裕福だった。食客とは、勢力のある者のもとで客人扱いを受け、居候していた人たちのことだ。

食客たちは、それぞれ才能と学識に優れ、孟嘗君は彼らと交わり、世の中について語り合うのを楽しんだ。

当時、孟嘗君には悩みがあった。領地である薛《せつ》の民に金を貸していたのだが、返済を滞る者が多くなっていたことだ。

そこで孟嘗君は、食客を見回してこう言った。

「誰か、薛に行って、借金を取り立てて来てもらいたい」

快く引き受ける者がいない中、ただ一人、馮驩《ふうかん》だけが名乗りを上げた。

孟嘗君は、そのときまで馮驩に気をとめたことはなかった。

しかし、志願者はただ一人、仕方なく馮驩に任務を任せた。

馮驩は、出発前に孟嘗君にこう尋ねた。

「徴収が終わったら、そのお金で何を買ってきましょうか？」

孟嘗君は「何でもかまわぬ、そなたの好きなようにするがよい。ただし、我が家にないものでなければならない」と答えた。

薛に到着した馮驩は、金を借りていた者たちをすべて呼び集め、借金の証文を調べた後、次のように話した。

「孟嘗君様は、みなの誠心誠意をありがたくお思いになり、借金を免除してくださるとおっしゃられた」

そう言うと、借金の証文に火をつけてすべて燃やしてしまった。金を借りていた者たちは、狂喜乱舞し、「孟嘗君様、万歳！」と叫んだ。

再び斉に戻った馮驩に、孟嘗君は何を買ってきたかと尋ねた。

その答えは、孟嘗君を啞然とさせた。

「旦那様の邸宅にないものはなく、すべてがそろっています。しかし、ただ一つ、義だけがありません。ですから、それを買ってきました」

借金の証文をすべて燃やす代わりに「義」を買ってきたという馮驩の答えに孟嘗君は呆れた。だからといって馮驩を責めることもできず、ただ心の中で怒りを鎮めるしかなかった。

それから1年が経った頃、孟嘗君は王の憎しみを買い、宰相の座を追われてしまった。

孟嘗君が没落すると、多くの食客は彼のもとを去って行った。ただ馮驩だけが孟嘗君のそばにとどまり、孟嘗君に、家財を整理して薛の地に赴き、将来に備えるよう勧めた。

薛の地に着いた孟嘗君は、目を丸くして驚いた。民衆が大勢集まって、彼を歓迎するではないか。このとき初めて孟嘗君は馮驩が「義を買った」と言った意味を悟ったのだった。

孟嘗君から賞賛を受けた馮驩はこう語った。

「賢いウサギにはほら穴が3つもあるので危険から逃れることができます。しかし、我が主君にはまだほら穴が1つしかないので安心できません。私が残りのほら穴を2つ用意して差し上げましょう」

馮驩は、魏の王に謁見《えっけん》した席で、「孟嘗君を魏の宰相にすれば、必ず富国強兵を成し遂げる」と述べた。孟嘗君の名声をよく聞き知っていた魏の王は、喜んで使臣《ししん》を送った。

一方、馮驩は使臣より先に斉に戻り、斉の王に「魏が孟嘗君を宰相に任命しようとしている」と伝えた。これを聞いた斉の王は大いに驚き、直ちに使臣を孟嘗君に送って詫《わ》び、宰相の地位に復帰させた。これで２つ目のほら穴ができた。

最後に馮驩は孟嘗君に、薛の地に斉の先代の位牌を祀《まつ》る宗廟《そうびょう》を建てるよう進言した。

孟嘗君の治める土地に先祖の宗廟があれば、仮に王が心変わりしても孟嘗君にやたらなことはできないからだ。

このときになって、ようやく馮驩は孟嘗君にこう言った。

「これで我が主君にはほら穴が３つ用意できました。もうこれからは枕を高くして心安らかにお休みください」

「備えあれば憂いなし」というが、近ごろのような先の見通せない世の中では、一つの準備だけでは足りない。少なくとも、ほら穴３つは用意しておかないと危機を乗り越えることはできない。

馮驩のような賢者がそばにいればいいが、誰もが孟嘗君のように幸運に恵まれるわけではない。

だからこそ私たちは、**自ら、いざというときに備える「３つのほら穴」を用意し**

ておかなければならない。

特に定年退職を控えた会社員なら、一刻も早く自分だけの狡兎三窟を掘っておくことが必要だ。

一生金に困らない「財テクのほら穴」をつくれ

いま私たちに必要なほら穴の一つは、引退後の家計を支える**「財テクのほら穴」**だ。

つまり、会社員として安定収入があるときに、投資などの財テクプランを組んでおく必要がある。

では、安定した老後設計のための財テクのほら穴はどのようにつくればいいのだろうか。

そのためには、危機をチャンスに変え、長期投資を行う賢人に学ぶ必要がある。

景気循環の核心

個人であれ企業であれ、うまくいっているときは、その勢いが永遠に続くように見える。しかし、企業では最高の業績を達成したとき、スポーツ選手であれば金メダルを取ったときが、最も深刻な危機的状況だとも言える。

経済も同じだ。流動性が高く、株式と不動産が新高値を更新するときが一番危険だ。

景気循環は10〜15年単位で絶えず繰り返される。私たちが生きている間も、子どもや孫の世代になっても、この景気循環は必ず続く。

こうした核心を読むことができてこそ、時代の荒波の中でも生き残れる。

巨大な金融危機が発生するたびに現れる現象が今回も例外なく現れた。すなわち、株式と不動産投機が拡大し、物価が急騰し、結局は価格が暴落したのだ。投資家が莫大な損失を被って投げ売りし、結局、投機行為は急速に消滅し、これまで発生していたバブルがあっという間に消えてしまうという現象が繰り返された。

ドイツの新聞「フランクフルター・アルゲマイネ・ツァイトゥング」の経済チームが書いた本『一冊で読む経済危機のパターン』〔未邦訳〕の一部だ。

驚くべき事実は、2009年に出版されたこの本に書かれている当時の状況が、今、私たちが直面している危機と何も変わらないという点だ。

この本は、金融史上きわめて致命的だった17の世界金融危機について、その状況と原因を分析している。

この本をコアリーディングすれば、現在私たちが直面している危機がどのようになっていくかを読み取るのに、非常に役立つ。

その際、単にテキストを読むだけでなく、そこに示されている危機のパターンを読み取り、経済危機の行方を見通せる洞察力を得なければならない。

この100年間、米国株式市場は6回の金融ショックと騰落を繰り返した。だが、6回の危機を経験しながらも、全体としては上向きの傾向が見られる。

つまり、今日のような危機的状況であっても、必ずしも投資をあきらめなければならないわけではないということだ。誰もが市場から手を引けと言うときこそ、市場に注目しなければならない。

「危機」は、「財テクのほら穴」をつくる絶好の機会

このように、本質を見抜く洞察力が身に付けば、同じものを見ても違う解釈ができる。そして選択も変わる。

洞察力のある人なら、危機のときこそ「財テクのほら穴」を掘る絶好のチャンスだととらえるだろう。

米国のジョン・F・ケネディ元大統領は、「中国人は『危機』を2文字で書く。最初の文字「危」は「危険」を表し、2つ目の文字「機」は「機会」を意味する。危機の中では危険を警戒するが、機会があることを肝に銘じなさい」と語った。

重要なのはどんな観点を持つかだ。

危機の中で機会、すなわちチャンスを見いだすことこそ、未来を見通すためのコ

アリーディングの核心となる。

テロ、戦争、ウイルス、金融危機など、今後も多くの危機が発生するだろう。危機がまったくない国も企業も個人もありえない。

長期投資を生き延びる賢人たちの核心

「眠っている間にお金が入ってくる方法を見つけられないのなら、あなたは死ぬまで働かなければならないでしょう」

これはウォーレン・バフェットが言った有名な言葉だ。

ここ数年、株式と不動産市場は前例のない大好況の時期を経験した。バフェットの助言通り「眠っている間にもお金が仕事をする」経験をした人もそれだけ多かった。寝て起きたらマンションの価格が数千万ウォンずつ値上がりしており、昼は国内株で、夜は米国株で儲けた。お金が雪だるま式に大きくなっていく驚異を味わえる時期だった。

しかし、宴は終わった。豊富な流動性が膨らませてきたバブルは消え、今や冷酷な現実が目の前にたちはだかる。投資において一枚上手だったのは誰で、下手だったのは誰か明らかになる瞬間だ。

パク・ヨンオク氏とキム・ボンス元教授など、投資の先導者となった彼らは、どうやって今の境地に達することができたのだろうか？

彼らが2000億ウォン［約200億円］台の資産家であることや、4億ウォンを500億ウォンに増やしたという事実に驚いているだけではいけない。**私たちが注目すべきは、結果ではなく、その結果を作り出した彼らの原動力となっている核心だ。**何がそれを可能にしたのかという一点を究《きわ》める必要がある。

そこで重要なのは、2000億ウォンとか500億ウォンという数字ではなく、そのお金を稼ぐ能力だ。

「すごい！」という感嘆にとどまらず、「なるほど！」という悟りを得なければならない。

彼らの著書、講演、対談などをコアリーディングした後、そこから投資の核心、すなわち本質を見つけなければならないのだ。

そうすれば、あなたが投資した会社が、あなたのために昼夜を問わず働きながら付加価値を創出してくれるだろう。

うんざりするような労働地獄から抜け出したいと思うか？

そう思うなら、**長い時間を投資で生き残った人々の共通点を見つけ出して、自分の成功の核心にしてみよう。**

歳を取っても輝いて働ける「仕事のほら穴」を探せ

映画『奈落のマイホーム』は、ようやくマイホーム購入の夢をかなえた一人の男の話を描いている。

主人公ドンウォンは、11年間節約してコツコツと貯めたお金でマンションを購入する。

しかし、喜びもつかの間、職場の同僚たちを招いて引っ越し祝いをしていた翌日、突如異変に襲われる。

あっという間にマンション全体が地中に消えてしまったのだ。

映画は、突然シンクホール（陥没穴）にのみ込まれた人々の涙ぐましい脱出ドラマを描く。

突然、シンクホールにのみ込まれる経験をするような人はいないだろう。だが、突然の解雇や退職で「無職」というシンクホールに落ちる人はたくさんいる。

「雇用のシンクホール」はますます深くなるばかりか、至る所に生じている。決してあなたも他人事ではないのだ。そこから脱出するには、映画の主人公たちのように、厳しい試練を乗り越えなければならない。

ある瞬間から突然いなくなった料金所の徴収員、スーパーのレジ係といった「自動化」による影響はもちろん、経済の悪化による人員削減の対象が、まさかの「私」になることもありうる。とくに景気後退が予想される今後は、おおいに想定されうる事態だ。雇用のシンクホールはさらに厳しいものになりそうだ。

雇用は家計を守る大事な支えであり、生活に活力を与える重要な要素でもある。突然の解雇にあっても別の形で働けるよう、あらかじめ**「仕事のほら穴」**を準備しておかなければならない。

ここで再び「狡兎三窟」の2つ目のほら穴の話をしよう。

馮驩は魏の王に孟嘗君を登用すれば斉を牽制できると勧め、王は孟嘗君を臣下に迎えようと3度も使臣を送り招請した。

しかし、馮驩は自分で王に勧めておきながら、孟嘗君にはその誘いに乗るなと言う。

こうして、魏の王が孟嘗君を何度も誘ったことが世に広まると、斉の王は孟嘗君の価値をあらためて悟り、彼を再び宰相として重用することになる。

これが、馮驩が掘っておいた2つ目のほら穴だ。

私たちも、この2つ目のほら穴を作っておかなければならない。終身雇用で働ける職場はどんどん減っている。

今後10年も経てば、平均寿命はさらに伸びるだろうし、今の40〜50代以下の世代は、もはや子どもに養ってもらうことなどあてにはできない。

こうした状況下で、定年退職後も働き続け、活動的な老後を過ごしたいという人は増えるだろう。

だが、私たちはどんな準備をしているだろうか？

スポーツ選手たちの「年齢曲線」［年齢とパフォーマンスの相関関係を示す］が、全盛期を過ぎると下向きカーブを描くように、会社員をはじめとする給与生活者も、ある時点に達すると給与の年齢曲線が下がり始める。

その時期を迎える前に自身の競争力を2〜3倍に高めておかないと、給与の年齢曲線の大きな落差を経験するはめになる。

だからこそ、**自分の仕事上の競争力を強化するために、その核心となる力量を見極め、高める努力を一日も早く始めよう**。そのためには、目先にとらわれず、少なくとも10年先を見通すコアリーディングが必要だ。

「働く幸せ」が60代からの人生を輝かせる

歳を取っても仕事を続けられるようになることは、何も老後の経済的な理由だけではない。

人生100年時代に60歳以後を仕事なしで生きるのは決して幸せな人生ではない

だろう。仕事を通じた達成感、毎日繰り返す役割があってこそ人生に生気がみなぎるものだ。

仕事に成長の喜びを感じる人は、そうでない人よりも、活気に満ちた人生を過ごすことができる。変化を受け入れる姿勢を持ち、新たなことを喜んで学ぶ人生が楽しくないわけがない。

何よりも仕事をしていれば、さまざまな問題に直面し、その解決のために自分自身に問うことも多くなる。そのプロセスを通じて、歳を取っても成長と飛躍を感じることができる。

だから、引退後5年〜10年の間に、仕事があるのは喜ぶべきことなのだ。これが「仕事のほら穴」を用意すべき理由の一つである。

「転職後は幸せで、月曜日になるのが待ち遠しい」

そう語るのは、ゼネラル・エレクトリックのマーケティングチームで働いていたチェ・ジェヨン氏だ。彼は会社を辞めて家電ホームショッピングのゲストとして働き、55歳の時にモバイルショッピングのホスト［動画で商品販売を行う］になった。現在はモバイルショッピングホストアカデミーまで設立して運営している。

まもなく60歳を迎えるが、若い仲間たちに劣らず、活気に満ちた姿勢で働き、新たな挑戦をし続けている。

チェ・ジェヨン氏は、50歳のときから新しい職業を探すために努力し、「人生の第二幕」を開くことができた。自ら望むことが何かを絶えず問い、その答えを探すために努力したからこそ、今の状況を成し得たのだ。

年齢を問わず、健康でニーズに合えば、何歳になってもできることはある。能力さえあれば、働きたい間は働き続けられるのだ。

ただし、今よりもさらに幅を広げられるよう、**自分だけの競争力となる核心を見つけて力量を高めなければならない。**

私たちは、人生の30パーセント近くを仕事に費やしている。仮に仕方なく働いているとしても、これだけ多くの時間を仕事に費やしているのだから、その分、人生においても重要な価値を持っていると言える。

仕事とは本質的に善良な行為だ。しかも、仕事の成果を通じて他人を助けることもできる。また、人生の幅を広げ、多様な人間関係の広がりももたらしてくれる。

逆に、働かない者は、自分の人生の殻に閉じこもっていることになる。精神的にも肉体的にも無気力な状態にとどまり、自分が抱える根本的な問題を見つめることもできない。

これでは当然、コアリーディングで未来を読み解くこともできない。

未来を読むためには、自己認識と自己洞察が必要だが、これは毎日の仕事を通じて成し得るのだ。

「労働」ではなく「仕事」をしなければならない理由

先ほどウォーレン・バフェットの「眠っている間にお金が入ってくる方法を見つけられないのなら、あなたは死ぬまで働かなければならないでしょう」という言葉を紹介した。

ここにある「働かなければならない」とは、「仕事」のことではなく「労働」を意味するのだろう。

私たちがしなければならないのは、「労働」ではなく「仕事」だ。

では、労働と仕事の違いは何か？

その核心は「自発性」にある。

食べて生きていくために、仕方なくいやいやするのは労働だ。一方、能動的な姿勢で働きながら達成感を感じられるなら、それは仕事だ。

同じように大変だとしても、やむを得ずすることもあれば、胸をときめかせながら挑むような気持ちですることもある。すなわち、**仕事の主人が自分なのかどうかで、仕事に対する態度や行動が変わる。**

私たちは誰もが、労働ではなく「仕事」をしたいと思っている。だが、多くの人は労働に苦しみ、石を繰り返し押し上げなければならないシシュフォス（※）の人生から脱出できずにいる。そんな人生が死ぬまで続くとしたら、考えただけでもぞっとする。

そのためには、自分が仕事の主体になれる方法を探さなければならない。

※ギリシャ神話の登場人物。生前の所業のため、死後の世界で大石を山上へ押し上げ続ける罰を受けた

仕事の主体になるとはどういうことか？

仕事の目的も、成果創出の目標も、成果を達成するために必要な戦略と実行方法に関する権限もすべて自分にあるという意味だ。自分が仕事の主人になるには、自分が本当にやりたいと思うことをしなければならない。

これがまさに労働地獄から抜け出す２つ目の方法であり、未来を見通すコアリーディングの究極的な目標だ。

だが、経済的束縛が大きいと、やりたいことを思い通りにはできない。

だからこそ、「財テクのほら穴」も必要だ。寝ている間にお金があなたのために働いてくれる状況ならば話が変わる。その期間に、自分が本当にやりたいこと、主体的にやっていると感じられる仕事をしながら、真の幸せと自由を享受することができる。

40代からは「健康のほら穴」を掘りなさい

限りなく上がり続ける物価、月給が入っては消えていく通帳、子どもの教育費のために後回しになった老後準備――。同時代を生きる平凡な会社員なら誰もが抱える悩みの種だ。

ところが、これから人生100年時代を生きなければならないとすれば、お金と仕事以上に大切で、早めに準備しておくべきことがある。

それは「健康」だ。健康を失えば、老後は死を待つ長い苦しみの時間に転落してしまう。

老後への備えと言えば、たいていは生活費や医療費など財務設計に力点が置かれる。

ところが、それらもすべて健康的な生活を前提とした準備に過ぎない。

引退後に、幸せな老後を夢見るなら、真っ先に掘っておかなければならないほら穴は「健康な人生」というほら穴だ。

どんなに老後資金が豊かでも、致命的な病気を患っていたり、介護者なしでは過ごせない状況になったりしたらどうだろう？

それは底の抜けた甕《かめ》に水を注ぐようなものだ。

病気に備えることとは、馮驩が孟嘗君に、3つ目のほら穴が完成した際に伝えた「枕を高くして心安らかにお休みください」という言葉と相通じる。

王家の宗廟が孟嘗君の領地にあるなら、斉の王が再び心変わりしても、孟嘗君に対しては何もできないだろうという緻密な計算が馮驩にはあった。

馮驩のように巧妙な知恵で危機を避ける能力がないとしても、少なくとも災難が発生する前に、あらかじめ備える姿勢は持っておきたい。

40代から健康に投資する

「長い月日を、鼻から管を入れ、看病されて生きるのか、それとも病気にならず元気に過ごすのか、どちらの方向で人生を終えるかは70代に決まる」

これは日本の精神科専門医である和田秀樹の助言だ。老年期をうまく暮らすには70代が重要だと言う。彼の他にも、多くの専門家が、健康な老年期を過ごすには70代の健康管理が鍵を握ると指摘する。

しかし、私の考えは少し違う。寂しい、体の具合が悪い、お金がない、仕事がない、いわゆる老年期の「四苦」に悩まされないためには、**40代から健康管理に積極的に取り組んでおこう。**

健康は生活の質に最も大きな影響を及ぼす要素であるとともに、健康を害すれば老後の経済破綻を招く主な原因にもなる。

準備するのが70代になってからでは遅すぎる。40〜50代のうちから早めに準備しておこう。

40～50代の時期をどう過ごすかによって、70代以降の健康と医療費は変わる。夜食や飲酒のような悪い食習慣は捨て、メディア中毒と運動不足からも抜け出そう。

さらに、ストレス管理を徹底すれば、深刻な病気を予防できる。老年の人生を地獄にしないために、自分の健康にはとことん気を使わないといけない。

健康書をコアリーディングし、自分だけの「健康十戒」をつくる

会社員たちが考える老後資金とは、いくらくらいだろう?

2020年に、求人マッチングサイトの「サラムイン」が会社員1538人を対象に「老後準備」について調査したところ、その平均金額は7億ウォン［約7000万円］だった。しかも、回答者の64・4パーセントは、この老後資金を調達できないと

答えた。

では、どうすればいいのか？

7億ウォンを集めることができないのなら、老後にかかるお金を減らす方法を探すしかない。

それは「**健康を維持して医療費を減らすこと**」だ。

40代から健康的な生活を維持しようと思ったら、定期的な健康診断が欠かせないが、何より大事なのは、健康的な生活習慣の確立だ。

日本の医師、南雲吉則の著書『「空腹」が人を健康にする――「一日一食」で20歳若返る！』が韓国でもベストセラーになり、当時、全国で「1日1食」ブームが起きた。

ところが、この熱気はすぐに収まった。1日3食の習慣を簡単には変えられなかったからだ。

でも、この本の核心的なメッセージを正確にとらえた人なら、1日1食が無理だとしても、1日2食を実践するだろう。

1日2食が習慣になっただけでも胃が小さくなるのを感じられる。もちろん実際に小さくなるわけではない。満腹感を感じさせるホルモンであるレプチンが分泌され、空腹感が抑えられ、食事の量が減るのだ。

1日1食を減らすだけでも、私たちの体は各種の成人病にかかりにくくなり、医療費支出を減らすことができる。もちろん食費が3分の1減るという効果もある。

このように、健康書を読んで正しい知識を得れば、間違った生活習慣も自然に変えられる。

私は、**健康書をきちんとコアリーディングするだけで、老後の医療破産は防げる**と信じている。私自身がコアリーディングしながら健康管理をしているからだ。

方法は至って簡単だ。まず、私の健康改善に役立ちそうな健康書を7冊選ぶことから始めた。

そしてその本の著者たちが共通して助言するメッセージから、「私の健康十戒」を作った。

その中で、私が今でも毎日欠かさず守っているのが次の3つだ。

・1日2食
・1日7000歩歩く
・夜10時前に就寝する

私は、健康書のコアリーディングを通して、悪い生活習慣を直しただけでなく、医療費と1日1食分の食事代まで節約している。

このうち、食事代だけを単純計算しても、1億ウォン［約1000万円］以上も節約できる（40年間、1日1食当たり8000ウォン［約800円］と計算）。

今からでも**自分だけの健康十戒**を作り、コツコツ実践してみよう。老後の医療費の心配が減るだけでなく、健康と幸せな人生も訪れるはずだ。

「狡兎三窟」をつくるヒント

私たちに必要な狡兎三窟として、財テクのほら穴、仕事のほら穴、健康のほら穴について話してきた。

それぞれのほら穴をつくるコツについて、もう少し紹介していこう。

まず、この3つのうち、何と言っても真っ先に掘るべきなのは健康のほら穴だ。その次が仕事、最後に財テクという順だ。仕事と財テクの2つは、前提としての健康な生活がなければ、砂上の楼閣《ろうかく》に過ぎない。

「健康を失えばすべてを失うのと同じだ」

これほど真実をつく言葉はない。

健康のほら穴を作るコツ

今日から食事を変える

健康な人生のために最も重要なことは、食生活の改善だ。

「あなたはあなたの食べたものからできている」という言葉があるように、自分の体を生かす食べ物を常に摂取することは健康な生活の基本だ。

私たちが毎日食べる食べ物は、食道を経て胃、小腸、大腸を通る間に消化というプロセスを経る。そのプロセスで食べ物は細胞に運ばれ、エネルギーに転換され、細胞は自己複製を通じて個体数を増やす。

だから、どんな食べ物をいつどのように食べるかは、健康な生活を維持する上で非常に重要な要素なのだ。

「深夜に出前を頼み、映画を見ながら食べるという小さな楽しみまでやめろと言うの？」と抵抗することもできる。

だが、「今日一日だけ」が、たった一日にとどまることはまずない。毎週、毎月、毎年と繰り返されるうちに、悪いコレステロールが体に蓄積され、結局体は徐々に蝕《むしば》まれる。累積の結果が複利で表れるのが健康だ。

したがって、**今からでも、毎日の食事と運動に気を使うことにしよう**。健康管理をしっかりするだけで、老後に必要な資金の50パーセント以上は節約できる。

かつてのように、60代で定年退職して残った人生をお金の心配なく暮らせる時代はとっくに終わった。物価上昇に合わせて増えていく老後資金を節約できる方法の一つは健康を守ることだ。

この本を読み、今からでも「健康のほら穴」を掘る読者は、すでに老後資金の半分を貯蓄したのと同じだ。

仕事のほら穴をつくるコツ

週7日のうち1日だけ「いつもと違うこと」をやる

狡兎三窟の2つ目のほら穴は「仕事のほら穴」だ。

職場では、週5日きちんと働いて、ようやく月給をもらえる。

しかし、20年後を見据えて、特定分野の専門家として第2の人生を準備しておけば話は変わる。週3日働くだけで一定の収入を得られることもある。

これは老後に心配のない人生を過ごすためのゴールデンチケットを準備したのと同じだ。

ゴールデンチケットを手に入れるために今からすべきことは、**1週間のうち、1日は特別な過ごし方をする**ことだ。

その日一日だけは、いつもと同じような働き方をせず、自分がうまくできたことと、失敗したことを具体的にフィードバックするのに使おう。

うまくいったことは、もっとうまくできるように自分を励まし、うまくいかなかったことは対策を探して改善するようにしていく。

こうした努力を続けると、仕事の力量がそれまでと比べはるかに向上したことを感じられるようになる。当然、組織内でも平凡な構成員ではなく、核心人材として浮上する可能性が高くなる。

『バカでも年収1000万円』の著者、伊藤喜之は、大学生のときにベンチャー企業アライブ株式会社でアルバイトをした。

ところが彼は、自分より1歳年上の社長から「お前のようなバカは生きる価値もない」と言われるほど、まったく仕事ができなかった。

社長の言葉に、彼はいつか雪辱を果たそうと決意し、「成功の糸」をつかむための自分だけの方法を探し始めた。

伊藤は、毎週木曜日を「今までやってこなかったこと」をする日に決めた。

今までしなかったことは、自信がなく、面倒で、大変なことで、それでも必ず解決しなければならないことでもある。

毎週木曜日ごとにミッションをクリアしていくと、3カ月、1年、5年と時間が経つうちに、周囲の人々の評判が変わった。こうして彼は、人生の新しいチャンスをつかむことになった。

伊藤が過ごし方を変えた木曜日にならい、私は土曜日の明け方と午前の時間を活用することにした。

この時間に、オンライン読書会を開催して他の人たちと悩みを分かち合った。

読書会には多様な業種の人たちが集まり、さまざまな化学反応を経験できた。時には新しいビジネスアイデアを得ることもあった。

このように、仕事のほら穴のために、これまでとは違う人生を過ごしたいと思うなら、1週間のうち1日はいつもと違う選択をしてみよう。

たった3週間やってみるだけでも、以前とは違う日常を感じることができるはずだ。

財テクのほら穴をつくるコツ

毎月、シードマネーをコツコツ貯める

狡兎三窟の最後は「財テクのほら穴」だ。

最近では、特に20代を中心とする若い世代が株式、仮想通貨、不動産などに積極的に投資し、財テク市場の新しい主役になっている。

今しばらくは自分なりの専門性と力量を強化すべき世代が、なぜ借り入れまでして財テクに熱を上げているのか？

それは、彼らが生きていく世の中が、熱心に働き、誠実にお金を貯めさえすれば、家も買えて他人を羨《うらや》むことなく暮らせる生易しい環境ではないからだ。

社会生活を始めて10〜15年熱心に働きさえすれば、衣食住は心配なく過ごせるようになってもおかしくないのに、現実は正反対だ。働けば働くほど、生活が苦しくなる。

だからといって、大金を稼ごうと焦るのは禁物だ。これは、すべてを吹き飛ばしてしまう危険な選択になりうる。

長い人生を考えるなら、危険な一回限りのゲームではなく、安全で確実にお金を集める投資方法を実践することが重要だ。

まずは働きながら、**シードマネーを集めるために時間を使おう**。この時間に、自分だけの投資の器を作り、自分に合った投資方法も学ぶ。

10年間、毎月150万ウォン［約15万円］ずつ集めたら、1億8000万ウォン［約1800万円］のシードマネーを作れる。

そのお金を貯めている間に、不動産、株式、債券など多様な金融商品について勉強しておこう。

借金までして短期間に大儲けした人たちの成功談には耳を貸さないほうがいい。

それよりも、**働きながら財テクを熱心に勉強して、安定的に自分の目標収益率を達成した人を探そう**。

そういう人をロールモデルにして、そのノウハウを学ぶのだ。彼らこそ、あなたにとっての「馮驩」だ。

今からの10年間を、自分に合った財テクのほら穴の準備にあてよう。

そうすれば、その後の30～70年間、その資産が複利で増えるという、驚くような経験が待ち受けている。

コアリーディングと一緒なら越えられない水たまりはない

狡兎三窟の中心人物は馮驩と孟嘗君だ。

あなたが孟嘗君だとするなら、今すぐ馮驩を探そう。馮驩を得る者は、未来を先取りする重要なキーファクターを持つことができる。

今はグローバルな超優良企業のトップでさえ、馮驩のような人材を探すのに血眼になっている。この先訪れるかもしれない危機を予測し、危機の中に隠されたチャンスを見いだすためだ。

では、私たちの人生で、馮驩はどこにいて、どんな存在なのか？

馮驩は、平凡な環境の中にあっても自ら努力を重ねて精進し、特別な才能と慧眼《けいがん》を持つようになった人物だ。

実は、私たち自身の中にも馮驩は存在する。核心を正しく理解して努力を重ねれば、潜在的に自分自身の無意識の中にある「馮驩ＤＮＡ」を引き出すことができる。そうすれば、自分に合った狡兎三窟を準備するのは決して難しくはない。

「齢を重ねるにつれ、志は薄れ、次第に衰え、世に出て己《おのれ》を発揮することもできなくなる。そのときになって、嘆き悲しんでも遅いのだ」

これは『誡子書《かいししょ》』の一節である。『誡子書』は、諸葛孔明が息子・諸葛瞻《せん》に送った手紙で、学びと生き方について述べており、後世の者にとっては処世訓となる。

ここで述べられている最後の一言のように、時間はあっという間に流れる。

だから年老いて悲嘆にくれないために、今からでも自分の中の馮驩を探そう。

私は、多くの古書と、成功した人々が残した教訓を読み、それを人生に溶け込ませて実践するコアリーディングで、私の中の「馮驩」を目覚めさせた。

孟子の「流水之為物也、不盈科不行（流水の物たるや、科《あな》に盈《み》たざれば行かず）」という言葉がある。「およそ流れゆく水というものは、くぼ地があれば、それを満たさなければ先へは流れていかないものだ」という意味だ。

こうしてできる水たまりは、試練や逆境を象徴する。この一つの水たまりを越えて、次のくぼ地に流れていくには、コアリーディングほど良い戦略はない。

古今東西を問わず手本になる人たちが水たまりを越えるのに、どんな方法を使い、どうやって試練を克服したのかを発見できるツールだからだ。

私は「本と一緒なら、越えられない水たまりはない」という言葉を固く信じている。

人生の大きな水たまりに落ちてもがくときは、すぐに答えを得るのは難しい。

そんなときでも、本はその水たまりから抜け出すためにつかむ命綱の役割を果たしてくれる。時には、新しい道を示してくれることもある。

コアリーディングをすれば、逆境から抜け出した人たちの大切な経験とノウハウに誰でも出会うことができる。

つぼみの花もいつかは満開に咲く。これを信じるか信じないかは自分次第だ。
木が土の中に深く根を下ろすように、コアリーディングで人生に深く根を下ろし、
自分だけの花を咲かせてみよう。

コアリーディングの成功事例③

結婚でキャリア断絶した40代主婦の激変

結婚後20年間、キャリアが断絶していた女性、チョン・ミヨン氏（47歳）。専業主婦として家事や教会でのボランティア活動などで忙しい毎日を過ごしながらも、いつも心の片隅では夫の事業のことが心配でならなかった。

彼女の夫は、新車の長期リース代理店の社長だ。しかし、家計簿アプリを使っても収入と支出の計算が合わないほど「正確さ」に欠ける人だった。ミヨン氏は夫のこうした一面をいつも心配していた。

そんなミヨン氏からの相談を受け、私は「夫の仕事を手伝ってあげたらどうか？」とアドバイスした。

「夫の不足は妻が埋めればよいのです。ご主人の事業であれば、仕事を進める上で正確な計算と、きめ細かな商品情報の伝達能力が必要です。ミヨンさんにはぴったりだと思いますよ。勉強しながら、ご主人の会社で仕事を始めてみてはいかがですか？」

「私がですか？　家事や育児、教会の奉仕活動など、今でさえとても忙しいのですが……。それに、20年もの間、主婦しかやってこなかった私が、今さら会社で何ができるのでしょうか？　しかも、夫の会社でなんて……」

まったく考えてもみなかった意外な提案に、ミヨン氏は拒否感を示した。仕事をしたいと思ったことはなかったし、ましてや夫の会社で働くことなんて想像すらしなかったという。

でも、「夫婦というものは、お互いの足りないところを補い合うもの」という私の言葉には共感してくれたようだった。

ほどなく、彼女は私の授業に訪れ、自分が具体的にどの部分を助けるべきか、ぼんやりとプランを描き始めた。

しかし、これは決して易しい挑戦ではなかった。

「何も知らない社長夫人」というレッテルを貼られ、社員たちとの関係には特に苦労した。疎外感は到底言葉では表せないほどで、社員の中には事業のノウハウを盗用し、辞めていく者もいた。

こうした状況の中でミヨン氏は、一から十まで一人でやり遂げられる専門性を備えようと決心したのだという。

こうして彼女は、自分に必要な力量を培うために、コアリーディング講座に本格的に取り組むことになった。

自己啓発書をコアリーディングしながら、今の自分に最も必要な「ワンシング」に集中し、早朝のオンライン読書会も活用した。

それだけではない。経済の動向を理解するために、金融についても学び、金利の影響を受けやすい業務への理解を深め、新車販売の営業スタッフとしての力量も高めていった。

努力の末、彼女を信頼して訪ねてくれる顧客が一人二人と増え始めた。

そしてついには、開業以来、会社は最高の成果をあげた。最も多くの販売台数と売上を達成し、現在も記録を更新中だ。

さらに彼女は、リーダーシップに関する本もコアリーディングした。不満が多く、問題ばかり起こしていた社員を上手にコントロールしながら徐々に社員を入れ替えた。適切な面接やインターンシステムを整え、業務研修も体系化した。

こうした彼女の経営改善により、組織体制も安定した。おかげで夫は、会社の未来のためのキャッシュ・カウ［将来への元手。または安定した収益が見込める事業］を準備する余裕まで生まれた。

専業主婦から有能な人材へ短時間で変身したミヨン氏は、「自分の人生はコアリーディングの実践以前と以後に分かれる」と語る。

まったくの無知な状態からスタートし、自尊感情がどん底に落ちた時期を乗り越え、今では社員たちから積極的に助言を求められる専門家になった。また、金融機関とも協力関係を築き、販売スタッフが収益を出せるよう支援する強力なサポーターの役割も果たすようになった。

彼女は新たな挑戦と飛躍を模索しながら、夫の事業を助ける強く頼もしい妻であるために、今も熱心にコアリーディングを実践している。

参考文献（邦訳）

湯浅幸孫『近思録（上）』たちばな出版（タチバナ教養文庫）、1996年
野中根太郎『全文完全対照版　孟子コンプリート』誠文堂新光社、2021年

著者
パク・サンベ
読書経営コンサルタント。本を通じて夢を叶えることを助けるブックドリーマー。
3P自己経営研究所読書事業部本部長、
KMA（韓国能率協会）読書経営専門家責任講師として働きながら、
「昨日より0・1％成長するあなたを応援する」という使命を実践するために
パク・サンベ成長経営研究所を運営している。
自身も、自己破産の末に、うつ病と敗北感に陥ったが、
本を通してまったく新しい人生を切り開いた。
その過程で、「人生を変化させる最も強力なツールは本である」という確信を
持つようになり、人々が本を通して変化するのを助ける読書の伝道師となる。

訳者
村山哲也　むらやま・てつや
韓日翻訳家。早稲田大学政治経済学部卒。
現役の中学・高校教師として働きながら、書籍や戯曲の韓日翻訳に携わる。
主な訳書に『おしゃれなライフスタイル動画撮影＆編集術』（ビー・エヌ・エヌ）、
『誰でもかんたん！ かわいいミニイラストの描き方』（翔泳社）などがある。

コアリーディング
――たった1冊読んで人生を変える読書術

2024年10月29日　第1刷発行

著　者――パク・サンベ
訳　者――村山哲也
発行所――ダイヤモンド社
〒150-8409　東京都渋谷区神宮前6-12-17
https://www.diamond.co.jp/
電話／03·5778·7233（編集）　03·5778·7240（販売）

装丁――――吉田考宏
本文DTP――梅里珠美（北路社）
製作進行――ダイヤモンド・グラフィック社
校正――――円水社
翻訳協力――株式会社トランネット（https://www.trannet.co.jp）
印刷――――勇進印刷
製本――――ブックアート
編集担当――畑下裕貴

ISBN 978-4-478-11925-9